Dr. Nelio Tombini

*A arte
de ser
infeliz*

A arte de ser infeliz

Desarmando armadilhas emocionais

Dr. Nelio Tombini

Com prefácio de J. J. Camargo

A arte de ser infeliz

Edição promocional

Direitos reservados desta edição: CDG Edições e Publicações

O conteúdo desta obra é de total responsabilidade do autor
e não reflete necessariamente a opinião da editora.

Autor:
Nelio Tombini

Revisão:
Paula Santos e 3GB Consulting

Diagramação:
Jéssica Wendy

Capa:
Dharana Rivas

Produção editorial e distribuição:

CDG
Grupo Editorial

contato@cdgeditora.com.br

Agradeço aos pacientes que confiaram em mim, na medida em que dividiram comigo seus segredos e sofrimentos. Dessa forma, ajudaram-me a ter mais intimidade e percepção com a vida emocional e suas entranhas. Um agradecimento especial aos pacientes do SUS da Santa Casa de Porto Alegre. Durante 25 anos, crescemos juntos por meio das sessões semanais de psicoterapia de grupo. Muito aprendi sobre o sofrimento psicológico e as soluções buscadas por pessoas com muitas limitações diante da vida.

Aos amigos Alexandre Mota, Adelino Cruz, Alexandre Godinho, Rogério Gil e Mateus Colombo Mendes, que me estimularam e me acompanharam na tarefa de escrever o livro. Finalmente, ao Dr. J. J. Camargo, a quem admiro desde quando era seu aluno, pela disposição em escrever o prefácio desta obra.

Sumário

Prefácio	9
Apresentação	13
O descuido com as palavras	23
Entraves nas relações amorosas	27
O desejo de controle e seus prejuízos	31
Pais que infantilizam os filhos	35
A brabeza diante das expectativas frustradas	41
A falta de intimidade entre os casais	47
A arte de sabotar sua própria empresa	53
Para bom entendedor, meia palavra não basta!	57
Amor e sexo	63
Depressão – o mal do século	67
Os caminhos do adoecimento emocional	73
O gatilho que dispara a síndrome do pânico	77
Líder ou chefe?	81
Poder, potência e a roda da fortuna	87
D.R. – discutindo a relação	91
Não tema a opinião dos outros	95
Somatização – quando o corpo fala por nós	99
Equilíbrio entre conhecimento e comportamento	103
Você me ama mesmo?	107
O emocional comanda nossas vidas	111
Deixa a vida me levar	115
O faz de conta das relações profissionais	119
Em busca da perfeição	123
Por que somos tão intolerantes?	127

A vida está te tratando mal?	131
Conhece-te a ti mesmo	137
Déficit de atenção e hiperatividade	141
Quando o emocional "nos passa a perna"	145
Abusos publicitários	149
Beber pode virar doença – alcoolismo	153
Como reter profissionais de talento	159
A terapia do chicote	163
Considerações sobre o uso de lítio	167
O sofrimento emocional oferecendo proteção diante das exigências da vida	169
Como ajudar as crianças a se protegerem dos pedófilos	173
A importância da verdade nas relações	177
As várias máscaras da depressão	183
Nossa cabeça é a mesma em casa e no trabalho?	187
O Viagra e a vida sexual dos casais	191
As várias facetas do *bullying*	195
Psicoeducação nas organizações	199
Você não tem essa bola toda	203
Você sempre quer ter razão?	207
A doença mental pode dar poder?	213
Por que carregamos tanta culpa?	217
O preconceito com a doença mental	221
O que significa personalidade forte	225
A psicoterapia pode ser a solução	229
Quem se oferece terá mais êxito	233
O lado transgressor de cada um de nós	237
Por que nos queixamos tanto?	241
Quando o sexo se torna um vício	245
Os malefícios de cultivar a vingança	249
Sobre o autor	253

PREFÁCIO

―――∽•∽―――

Por Dr. J. J. Camargo

Nelio Tombini é uma alma inquieta. Provavelmente, foi essa inquietude que o empurrou para a psiquiatria, com seus infindáveis desafios – alguns decifráveis e outros nem tanto – a respeito deste compartimento misterioso que é a mente humana. Querido pelos seus pacientes e respeitado pelos seus pares, Nelio atingiu um patamar de estabilidade profissional que usualmente contentaria as almas comuns, mas não as tais inquietas.

Movido pelo desejo incontido de compartilhar o que garimpou ao longo de quase quarenta anos de psiquiatria, decidiu criar canais de comunicação que levassem sua especialidade ao grande público. Iniciou servindo-se da gravação de uma série de vídeos que, de maneira interativa e acessível, discutiam as reações e atitudes pessoais diante das provocações do cotidiano.

Provavelmente estimulado pelo sucesso dessa iniciativa – e insatisfeito porque é do tipo que implica com a rotina, uma vez que considera que a vida que se justifica impõe uma contínua expansão de limites –, embarcou neste projeto ambicioso de transferir para as ávidas páginas de um livro-texto suas ricas vivências psicanalíticas. E os relatos são tão fluentes e a linguagem tão descomplicada que, com frequência, sentimo-nos à cabeceira do paciente, como improvisados partícipes do atendimento, porque desse assunto entendemos.

Logo adiante, vemo-nos surpreendidos e, desconfiados, olhamos o divã com simpatia, como se o texto tivesse sido escrito para nós, sob encomenda, jogando-nos na condição de pacientes, depois do período de soberba como terapeutas amadores.

Impressiona a riqueza de tipos que, de alguma maneira, construíram a infelicidade. Vistas de fora, as situações parecem invariavelmente previsíveis, embora os protagonistas não as percebam, ocupados que estavam com a negação (como solução simplista) ou com a transferência da culpa (como rota de fuga).

A culpa, esse sentimento tão amargo e desgastante, é dissecada neste livro com profundidade para desnudar as mais variadas circunstâncias em que impregnou o espírito da vítima, conduzindo-o à depressão e a todos os seus desdobramentos, dos quais o suicídio é, obviamente, o mais temível.

As cobranças exageradas – no trabalho, na vida social, no matrimônio – acabam construindo um monstro implacável, que passa a reger o comportamento da vítima, enclausurada no seu mundo de amargura e sofrimento. Quando desmascaradas na terapia, ilustram o quanto sofremos por estereótipos fantasiosos e injustos.

No manejo de alguns quadros depressivos, é elegantemente argumentada a baixa eficácia da terapia química e a participação decisiva da palavra, instrumento básico da psicanálise, quando o paciente, assustado e carente, bate à porta com um explícito pedido de socorro.

Percorrer as páginas deste livro me fez entender o entusiasmo do Nelio em publicá-lo. Quem escreve sabe quando tem consistência daquilo que escreveu, e esse sentimento, com justiça, euforiza o autor.

Enquanto passava página por página no monitor, sentia falta do modelo convencional, impresso, do livro – este que agora você está manipulando com curiosidade. Teria resolvido minha repetida vontade de abraçá-lo, mas então esbarrei na rigidez afetiva do computador, pouco afeito a intimidades.

Que ninguém tenha a pretensão de, ao final desta obra, sentir-se um especialista. Porém, não resta nenhuma dúvida de que este mergulho na alma humana fará de cada leitor uma pessoa mais compreensiva, doce e generosa. Abrace-o.

J. J. Camargo

José de Jesus Peixoto Camargo é médico cirurgião graduado pela UFRGS e pós-graduado na Mayo Clinic, em Minnesota, Estados Unidos. Pioneiro no transplante de pulmão na América Latina, foi Camargo quem realizou também o primeiro transplante duplo de pulmão no Brasil.

APRESENTAÇÃO

―――∽◦∾―――

O analfabetismo
emocional e a arte de
ser infeliz

Em primeiro lugar, gostaria de lembrar-lhes de que sou um psiquiatra, não um escritor ou jornalista. Digo isso para que tenham tolerância e paciência com a minha forma de escrever, sem grandes refinamentos linguísticos.

Este livro é resultado de várias ações que tenho desenvolvido ao longo da vida. Sempre tive uma preocupação e um desejo de dividir com o público leigo as percepções e os conhecimentos a respeito do funcionamento do inconsciente, do psiquismo e do emocional.

Trabalhei em centros comunitários, postos de saúde e também na Santa Casa de Porto Alegre, onde criamos o Serviço de Doenças Afetivas há três décadas. Além do atendimento ambulatorial, privilegiávamos a psicoterapia de grupo para os pacientes do Sistema Único de Saúde. Finalmente, em 1992, criei a Psicobreve – Clínica de Psicoterapias Breves, formada por um grupo de psiquiatras e psicólogos.

Adaptando esse desejo de compartilhar conhecimentos com o público em geral às tecnologias atuais, criei um projeto psicoeducativo utilizando uma série de vídeos, denominados "5 minutos com o psiquiatra Nelio Tombini", publicados no YouTube e no Facebook.[1] Também ofereço palestras, *workshops* e consultorias a organizações, grupos e empresas, tentando ajudar no gerenciamento das questões emocionais e seus reflexos na vida pessoal e profissional.

A intenção deste livro é uma só: oferecer ao leitor caminhos para entender um pouco do nosso intrincado e complexo inconsciente (ou psique). Desenvolvendo essas percepções, provavelmente teremos mais possibilidades de não cairmos nas **armadilhas emocionais** *– criadas por nós ou pelos outros. À medida que entramos, por opção ou conivência, nessas armadilhas, vamos complicando nossa vida, tornando-a difícil, a ponto de não a aproveitar. Algumas pessoas vão trilhando esse caminho pedregoso e se tornam experts na construção do sofrimento, fazendo-se especialistas no que chamo de a* **arte de ser infeliz**.

---

[1] Facebook: facebook.com/drneliotombini; Instagram: instagram.com/drneliotombini; YouTube: youtube.com/use/Psicobreve; Twitter: twitter.com/dr_neliotombini.

Se os leitores tiverem interesse pelo mundo psíquico, encontrarão aqui vários artigos que permitirão que tenham a possibilidade de desenvolver mais intimidade na compreensão dessas questões e daquilo que chamamos de alma. Meu desejo é compartilhar experiências, dividir vivências, partilhar relatos observados no cotidiano e mostrar as repercussões dos conflitos emocionais em cada um de nós e na vida em geral.

Creio que é possível transferir entendimentos e conceitos sobre a vida psíquica, mesmo fora de consultórios de psiquiatras e psicólogos. Ou seja, todos podem compreender manifestações subjetivas do emocional e os prejuízos que podem acarretar. Esse foi meu objetivo ao oferecer os vídeos e as interações em redes sociais, complementadas com este livro de uma forma mais profunda e consistente.

Percebo que as pessoas tendem a negar a existência do mundo interno, emocional ou psíquico. Sem essa intimidade com o emocional, teremos prejuízos no bem-estar, na capacidade de nos relacionarmos, no desenvolvimento da criatividade, nas relações amorosas e no êxito de nossas vidas.

Ofereço uma abstração para ajudá-los a entender melhor nosso cotidiano. Digamos que a vida está alicerçada em duas colunas: uma compreende a inteligência, o conhecimento, a cultura e a formação acadêmica; a outra representa a vida emocional ou psíquica. A coluna que mais influencia o dia a dia é a que dá suporte para o emocional. Esta pode, inclusive, levar a transformações no intelectual. Já a coluna de sustentação do intelectual, do conhecimento objetivo, pode trazer pouco benefício para o lado psíquico.

Infelizmente, as instituições e mesmo as pessoas individualmente investem mais no desenvolvimento intelectual, até porque é o mais fácil e acessível. Observem também a quantidade de livros, *sites*, aplicativos, programas de televisão e tudo o mais que existe para nos auxiliar a cuidar da saúde física. Inteiramo-nos de tudo, buscamos os melhores métodos, os aplicamos em nós mesmos e ainda os partilhamos com os outros.

Em contrapartida, as informações oferecidas nas mídias e nas políticas públicas voltadas para a prevenção e o desenvolvimento da saúde mental são pobres e escassas. As instituições, as organizações e as empresas em geral pouco ou nada investem no emocional de seus colaboradores. Entretanto, empenham consideráveis custos em cursos e treinamentos ligados ao conhecimento técnico com o qual imaginam poder alavancar o crescimento e o faturamento da organização.

Nesse contexto, o emocional, que é o carro-chefe de nossas vidas, fica no esquecimento. Se há investimentos voltados ao objetivo de mudar a maneira de as pessoas agirem e se relacionarem, limitam-se ao universo da autoajuda, que fornece dicas práticas de mudança de comportamento, na tentativa de fazer mudanças de fora para dentro, pouco se sabendo a respeito dos efetivos resultados.

Embora negligenciadas, as questões emocionais comandam todas as outras instâncias da vida. É preciso eliminar muitos preconceitos em relação aos sofrimentos mentais. Por exemplo, é muito incomum chegarmos ao trabalho e falarmos abertamente aos colegas que estamos deprimidos, ansiosos, sem dormir ou com conflitos familiares. Não conversamos nem nos expomos, porque entendemos que falar de sofrimentos de origem psíquica é um sinal de fraqueza. Entretanto, falamos sem dificuldades quando estamos com enxaqueca, tensão pré-menstrual, cólica renal, asma, intolerância ao glúten etc. É difícil viver assim, escondendo o que realmente nos faz sofrer.

É em razão dessas observações que apresento este livro, para estimular suas reflexões e, ao mesmo tempo, sugerir caminhos e mudanças. A ideia é que possamos usar novas ferramentas para amenizar as aflições da alma e os sintomas psíquicos que disso decorrem.

Certa vez, publiquei um artigo no jornal Zero Hora, de Porto Alegre, com um título bastante sugestivo: "Analfabetos emocionais". O texto tinha muita relação com este livro, pois alertava sobre a pouca percepção que temos a respeito do nosso aparelho psíquico. O conhecimento que temos desses aspectos é, em geral, falho, destreinado e insuficiente. Chamo de **aparelho psíquico** porque o comparo com outros sistemas com os quais estamos acostumados – aparelho digestivo, circulatório e outros.

Todos esses sistemas precisam funcionar bem para que a vida se desenvolva por mais tempo e com maior qualidade. Do ponto de vista emocional, somos, sim, no mínimo semianalfabetos – se não completamente. Não se ofendam com essa linguagem, não é demérito para os leitores. É uma força de expressão forte, usada para chamar a sua atenção.

Acontece que não existe uma cultura que faça referência ou nos estimule a pensar sobre nosso jeito de funcionar, nossa personalidade, nossas emoções. Nas escolas, por exemplo, não se toca nesses assuntos. Quando muito, há alguma discussão sobre a sexualidade. No seio familiar também não é comum esse olhar sobre o outro, a observação de como o outro se expressa, reage, o que sente e como se relaciona. No fundo, relacionamo-nos intuitivamente. Alguns podem ter a sorte de nascer num grupo familiar com pais mais saudáveis, mais respeitosos, mais sensíveis e perceptivos, que conseguem ter mais intimidade com sua vida emocional e com a dos filhos. Ótimo! Porém, com certeza, isso é a exceção, não a regra.

Lembro-me da minha experiência familiar. Família de origem italiana, residente no interior do Rio Grande do Sul, numa pequena cidade. Em casa, e mesmo na escola, não havia o hábito da leitura. A relação dos meus pais com os filhos se dava em cima de cuidados gerais e conferência de afazeres. Nada de conversas mais intimistas. O vínculo era baseado em cobranças quando as tarefas não eram cumpridas ou quando as atitudes eram inadequadas. Contudo, considero meus pais boas pessoas; não nos causaram sequelas emocionais e fizeram o que lhes foi possível.

Muitos dos leitores tiveram pais ou familiares muito comprometidos do ponto de vista psicológico. A presença de doença mental nos pais acarreta prejuízos psíquicos sérios nos filhos. Imaginem pais com depressão, alcoolismo, abusadores, desconfiados, agressivos, rígidos em demasia e com outras características doentias. Quantas cicatrizes permanecem na vida dos filhos? Também é relevante pensar nas condições de pobreza e limitações de toda natureza que muitas pessoas enfrentaram em suas vidas, proporcionando adoecimento emocional.

Os atuais tempos tecnológicos também não nos ajudam na tarefa de falar o que se pensa, o que se sente. Hoje as pessoas estão mais distantes umas das outras, apesar das grandes facilidades da comunicação virtual. Todos sabem da vida de todos, mas de uma forma muito superficial. Nada de intimidade. Na internet, tudo cheira a *fake*, falsidade, faz de conta, aparências. O prazer é buscado freneticamente e deve vir de imediato, mesmo que se use álcool ou outras drogas para conquistá-lo.

Nas relações entre casais, o afeto, o carinho e a cumplicidade podem esperar. Urgência há apenas na vida sexual. Esta vem antes, em primeiro lugar; já os outros afetos não são tratados como relevantes – talvez nem haja tempo para saber se estariam presentes na relação. É claro que não há problema se as pessoas priorizarem o sexo a qualquer momento que desejarem – mas a relação pode ficar empobrecida e se esvaziar caso esse seja o único ponto de contato e interesse entre os envolvidos.

À medida que não percebemos os males causados pelos desajustes emocionais, corremos o risco de medicar os pacientes de forma despropositada, com a fantasia de combater os males da alma com remédios. Não estou desqualificando as medicações psiquiátricas, que, se bem aplicadas, apresentam resultados satisfatórios, beneficiando muitas pessoas. Porém, percebo que todas as especialidades médicas prescrevem psicofármacos diante de qualquer expressão de sofrimento psíquico. Mesmo os psiquiatras tendem a medicar antes mesmo de ouvir as mazelas da mente.

Se já é difícil encontrar conforto nos consultórios, tanto mais o será na literatura especializada. Se buscarmos livros que falem sobre a vida emocional ou psíquica, encontraremos uma grande quantidade, mas com uma linguagem muitas vezes ininteligível ao público leigo. São publicações subjetivas, teóricas, áridas, mais voltadas ao universo acadêmico.

Tudo isso posto, digo que estou aqui para avançar neste campo tão importante quanto negligenciado que é o da vida emocional. É por isso que ofereço este livro, em linguagem simples, clara, acessível, compreensível e direta. Espero e desejo que, após a leitura desta obra, os leitores fiquem instrumentalizados e potencializados para tornar seu dia a dia mais interessante, menos conflituoso e menos sofrido.

As reflexões aqui expostas estão permeadas de exemplos e situações vividas por mim, evidenciando que tenho as mesmas dificuldades dos leitores diante da vida. Entretanto, perante conflitos ou rusgas do cotidiano, talvez eu tenha mais agilidade para buscar uma solução que seja mais harmoniosa para meu emocional e para enfrentar a realidade que me cerca – simplesmente porque estou sempre muito atento para essas questões. E é a esse avanço que eu convido os leitores.

Além do livro, podemos elencar outras abordagens potencializadoras de mudanças. As psicoterapias podem dar um *up* na vida. Podem ser breves ou focais, objetivas e rápidas. Freud já utilizava com seus pacientes essas abordagens mais dinâmicas, que podem chegar a vinte sessões. Podem também ser mais demoradas, como a psicanálise.

A consultoria psicológica funciona como um *start* ou um gatilho. Pode se dar em encontros eventuais e ajuda a pessoa a repensar algumas ações do seu cotidiano, no trabalho ou com a família. Outro dia, numa livraria, encontrei uma senhora que perguntou se eu era o Nelio Tombini. Respondi que sim, mas que não me lembrava dela. Revelou-me que conversara comigo uma vez, e que eu a ajudara a resolver seu problema nesse único encontro. Pensei e perguntei o que falei de tão maravilhoso e profundo. Quando me revelou o que eu disse, fiquei surpreso, pois foi algo muito simples, que uma amiga poderia ter dito. Como foi proferido por um profissional da área da saúde mental, talvez tenha sido levado mais a sério, gerando melhor resultado.

Leituras, palestras, *workshops* e mesmo conversas mais íntimas e francas com amigos também podem ajudar.

Espero que não me considerem pretensioso, mas podemos, sim, livrar-nos da **arte de ser infeliz** e tentar ter uma vida mais interessante, mais satisfatória, com menos conflitos e, por consequência, mais prazerosa.

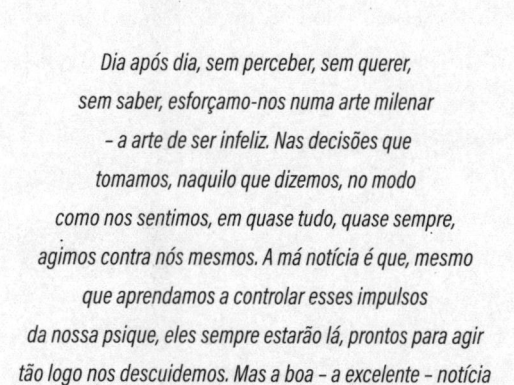

*Dia após dia, sem perceber, sem querer,
sem saber, esforçamo-nos numa arte milenar
– a arte de ser infeliz. Nas decisões que
tomamos, naquilo que dizemos, no modo
como nos sentimos, em quase tudo, quase sempre,
agimos contra nós mesmos. A má notícia é que, mesmo
que aprendamos a controlar esses impulsos
da nossa psique, eles sempre estarão lá, prontos para agir
tão logo nos descuidemos. Mas a boa – a excelente – notícia
é que há, sim, muitas formas de controlarmos
os instintos naturais que nos levam à infelicidade.
É nisso que trabalho há décadas. E é isso que
partilho com você aqui.*

O descuido
com as palavras

A comunicação verbal é fundamental para o entendimento entre os seres vivos, em especial entre os humanos. As palavras têm força. Podem iniciar relacionamentos ou acabar com eles. Definitivamente, devemos pensar melhor antes de oferecer as nossas a alguém, sobretudo quando as damos em forma de opinião.

Talvez o mais frequente abuso que cometemos nas relações humanas é o verbal. Muitas vezes falamos o que não devemos, movidos pela irritação, impaciência ou desinteresse. É algo que nos escapa com imensa facilidade. Preocupa-me quando falamos com alguém com quem temos intimidade, alguém de quem gostamos, cujo respeito deveria ser recíproco, mas acabamos sendo ofensivos.

O exagero verbal é até compreensível quando estamos brigando, ou mesmo quando falamos com uma pessoa por quem não nutrimos bons sentimentos. É claro que mesmo nesses casos devemos ter cuidado com as palavras. Porém, não nos damos conta de que, não raro, somos ainda mais cruéis com pessoas próximas e queridas.

Olhe em volta. Perceba suas relações e as de outros. Um pai fala grosseiramente com os filhos. Estes fazem o mesmo com a mãe. O namorado desqualifica a namorada; o professor, o aluno, que, por sua vez, o ofende. Não é incomum vermos (em vez de conversas sóbrias e respeitosas) xingamentos, gritos e ameaças. Frequentemente, esse abuso verbal se dá de forma irônica, como se assim o maltrato estivesse justificado.

Isso acontece justamente porque nos permitimos falar aquilo que pensamos às pessoas próximas. Ora, deveria ser o contrário! Não é porque temos intimidade ou afinidade com alguém que podemos maltratá-lo. Devemos, em vez disso, exercitar ao máximo o cuidado na escolha das palavras. Nas conversas, quando oferecemos uma reflexão ao outro, pressupõe-se que a troca de opiniões é livre. Mas isso não dá a ninguém autorização para falar tudo que vem à mente.

Também não podemos nos esquecer de outra forma de abuso verbal: o falatório descontrolado. Há pessoas que falam o tempo todo, de qualquer assunto, independentemente de o interlocutor mostrar ou não interesse na conversa. É como se falassem para elas mesmas. Esse comportamento acarreta no outro desinteresse e desejo de afastamento. Como em geral não dá para simplesmente afastar-se fisicamente do interlocutor, o ouvinte enfadado se afasta mentalmente, levando seu pensamento para lugares distantes e não dando apenas atenção a quem fala. E, assim, as relações se tornam mais superficiais e nocivas.

O cuidado com as palavras precisa ser desenvolvido em cada um. Penso que a melhor escola para se aprender esse fino trato é a infância. Por isso, os pais precisam cuidar como falam com as crianças. Há uma clara desqualificação na relação com os pequenos. Era comum ouvirmos, de pais para filhos, coisas como:

"Isso é conversa de adultos. Não enche o saco."

"Não te mete onde não foste chamado."

"Sai daqui e vai brincar!"

"O que tu pensas não tem a menor importância."

Essas abordagens podem resultar em um adulto que abusará verbalmente ou se deixará abusar. Nos dias de hoje, as crianças adquiriram um poder especial e tendem a abusar dos pais.

Ser inteligente, culto, ter curso superior, dinheiro ou poder, nada disso é garantia de que a pessoa tenha o dom de cuidar do conteúdo e da forma de suas conversas. O que faz a diferença é a percepção e a sensibilidade do que pode ou não ser oferecido ao outro. Ter esse filtro, entre o que pensamos e o que falamos, é o verdadeiro diferencial.

Parece difícil? E é difícil mesmo! Se não atentarmos a essas premissas, a pessoa que nos ouve não nos dará atenção, não considerará digna de relevância a opinião que oferecemos. Poderá também ficar irritada ou magoada e responder de forma ríspida, elevando ainda mais o tom da conversa.

Tudo isso pode parecer uma bobagem, justamente porque o que mais fazemos na vida é falar e conversar. Porém, cuidar do que falamos e da forma como falamos é fundamental – para nós e para os outros. É evidente que em algum momento perdemos a cabeça, gritando, xingando ou até agredindo fisicamente alguém. Eu mesmo, por força da profissão, falo coisas muito duras para meus pacientes, necessárias ao bom andamento da terapia. Inclusive porque meu objetivo é passar com ternura o que percebo e penso. Por outro lado, procuro sempre observar se faz sentido e se será proveitoso para o paciente.

Para um exercício de reflexão, listei alguns exemplos de abusos verbais. Pense no que você já presenciou, ouviu ou mesmo disse.

A pessoa faz um regime, perde peso e fica esbelta. Encontra-se com um amigo que, em vez de elogiar, pergunta-lhe: "Pegou AIDS?".

Outro faz implante de cabelos, e o amigo lhe diz: "Isso não é coisa de homem!".

A mulher está feliz com o namorado novo e se encontra com uma amiga, que comenta: "Esse cara não combina contigo".

Amigas se encontram e uma diz para a outra: "Você deveria pintar esse cabelo".

Caso real: um amigo meu, diferenciado cultural e profissionalmente, que me considera um bom profissional, apresentou-me para um conhecido seu dizendo: "Este é o Nelio Tombini, um psiquiatra meio louco".

Vamos então botar atenção no abuso verbal, fonte de tantas desavenças, de muitos desentendimentos, de ressentimentos e de afastamentos. Às vezes, esquecemo-nos do poder da fala, da força das palavras – que podem ser devastadoras ou redentoras, dependendo do que e de como falamos.

Obviamente, não quero aqui desqualificar ou minimizar os outros abusos que ocorrem nas relações humanas.

Aliás, você sabe o que difere o bullying *desse abuso a que me refiro? O* bullying *é uma violência física ou emocional intencional. O* **abuso verbal** *é uma violência emocional, mas inconsciente, o que o torna mais difícil de se perceber e até de se posicionar.*

Uma dica importante para lidar com essas situações: diga ao abusador que você não gostou da maneira como ele se expressou. Dizer a verdade geralmente nos alivia, pois não iremos para casa com a chateação trancada na garganta.

Coloco também no rol dos abusos verbais esse estilo de relação presente no nosso cotidiano: o **achismo**. As pessoas dizem o tempo todo o que acham, a respeito de tudo, mesmo sem terem nenhuma noção do assunto. As mídias virtuais funcionam dessa maneira.

Para terminar: estejamos atentos à estratégia dos abusadores, no sentido de amenizar a agressividade verbal proferida. Costumam dizer algo como: "Foi uma brincadeira, não se chateie...". Ora, vamos nos chatear, sim! E cuidar para não chatear os outros.

Entraves
nas relações amorosas

A o longo da História, muitas coisas mudaram nas relações humanas. Dinâmicas sociais, trabalhistas e familiares sofreram alterações conforme as sociedades iam se modificando. No passado, as pessoas se uniam, geralmente por interesses familiares, econômicos e políticos. Os vínculos amorosos não eram levados em consideração nesses momentos. Evidentemente, os homens e as mulheres os acalentavam, mas não eram considerados nas escolhas dos parceiros. Porém, há algo que, essencialmente, jamais mudou: estamos sempre buscando uma relação amorosa. Alguém que nos complete, que nos admire, que nos desperte desejo, com quem é bom conversar, transar, passear. Essa é uma procura constante do ser humano.

Considerando o mote deste livro, de que somos especialistas em nos sabotar, em afastar a nós mesmos da felicidade, e levando em conta todos os anos de observações profissionais, posso afirmar que essa busca não é nada fácil, nem há regras bem estabelecidas.

No afã de encontrar a felicidade junto – e por meio – de uma pessoa, podemos nos afligir com a solidão, correndo o risco de nos submetermos a situações de desconforto, incômodo, sofrimento e infelicidade. Muitas vezes, nem sabemos bem o que estamos buscando numa relação, mas o que salta aos olhos, o que mais nos atrai e seduz, normalmente é a aparência da pessoa escolhida ou o poder que ela ostenta. Claro, não nos esqueçamos da possibilidade de idealizar o objeto de desejo. Nesse caso, o risco de insucesso na relação é muito alto.

Bom, em primeiro lugar, temos uma característica muito comum nos relacionamentos atuais: a questão corporal, física, sexual. Isso em si não é um problema. A relação íntima é, de fato, uma fonte de prazer inequívoca. O problema aqui não está na essência, mas em como isso é utilizado. Hoje muitas relações começam e se sustentam exclusivamente em função do sexo.

Que a atração física seja um impulso à aproximação é compreensível, mas, se isso é tudo, o esgotamento do caso é inevitável. Não demorará a um dos parceiros procurar em outras pessoas o estímulo que o fez aproximar-se da pessoa com quem está já insatisfeito. E o fará após romper a relação, ou mesmo com o relacionamento ainda em curso. Isso explica por que boa parte dos relacionamentos que giram em torno da "química", da atração, acaba por deixar grandes traumas em um dos envolvidos. É um constante deixar e ser deixado, estimulado por um vazio que se busca preencher com outro corpo atraente, gerando mais vazio.

A vida sexual das mulheres mudou muito, para melhor, após o advento da pílula anticoncepcional. Abriu-se a porta para o prazer sexual sem o risco da gravidez. As mulheres se autorizaram a transar com mais parceiros antes do casamento. Atualmente, parece que elas estão embarcando numa segunda revolução sexual, transando mesmo sem grandes envolvimentos amorosos ou afetuosos com o parceiro. O que já vinha sendo aproveitado pelos homens agora também as mulheres estão curtindo. Saem com um homem no dia ou na noite que o conheceram somente para curtirem os prazeres da alcova, do sexo. As mídias sociais, como Facebook, WhatsApp e *sites* de namoros, têm facilitado esses encontros mais focados na troca de prazeres carnais.

Considero muito bom e saudável buscar relações em que a atração seja fator considerável, mas é importante que possamos saber o que exatamente procuramos numa relação a dois. Que mulheres e homens queiram, respectivamente, "príncipes" e "princesas" para ostentar na rua e "machos alfas" e "libertinas" para aproveitar na intimidade é razoável e compreensível.

Além disso, buscar um homem poderoso, uma mulher imponente, parceiros ricos, socialmente bem relacionados, que chamem a atenção na sociedade e agradem aos olhos de todos, não é garantia de absolutamente nada em termos relacionais. Esse tipo de busca pode esconder um desejo subliminar, inconsciente, de encontrar alguém que cuide de nós, que nos acolha, que tome conta de nossa vida. Isso pode ser um grande equívoco, pois ninguém, a não ser nós mesmos, é capaz de tomar conta de nossas vidas. Aliás, quando alguém se aproximar com intenções de nos cuidar e proteger, o melhor a se fazer é fugir!

Pois, certamente, ao fim e ao cabo, ficaremos realmente submetidos a essa pessoa, e o que no início parecia uma boa ideia, em função de uma fantasia de redenção, poderá trazer muito sofrimento. Como diz o ditado, "não existe almoço grátis". Depois vem a conta.

Bom, esses podem ser alguns tropeços surgidos já no início das relações – ou antes mesmo, quando ainda estamos flertando, nos aproximando. O que costumo oferecer para reflexão a quem sofre com as consequências de relacionamentos mal estabelecidos e que desejam algo mais intimista, consistente, é que, em primeiro lugar, saibam o que estão buscando. Não se constranjam de poder dizer para alguém que só deseja uma transa que esse tipo de vínculo não lhe interessa. Pessoas que desejam mais do que uma transa, mas se permitem eventualmente transar pela busca de um prazer sexual momentâneo, costumam cair num vazio quando terminam as emoções alavancadas pelo orgasmo. Percebe-se com frequência, no universo feminino, dificuldade de recusar um convite furtivo para transar, pois quem o faz imagina que a negativa poderá afastar definitivamente o interesse do parceiro no prosseguimento da relação.

Talvez a melhor maneira para se conhecer efetivamente uma pessoa seja conversar com ela. Na noite é difícil, pois geralmente os ambientes apresentam grande poluição sonora. É necessário tempo e capacidade para ouvir com atenção o que o outro está nos oferecendo, nos informando. Se quisermos saber como pensa e age uma pessoa, é simples: deixemo-na falar. Parece fácil, mas não é.

A arte de escutar, elaborar, calar e devolver ao outro de uma forma adequada e delicada tudo que escutamos é mais difícil do que parece. Se desejarmos intimidade, cumplicidade, proximidade com alguém, necessariamente teremos de falar o que pensamos, quem somos, nossos interesses, desejos, gostos, planos. Claro que também estou me referindo a projetos de vida afetiva e amorosa.

Parece besteira. "Ora, quem não fala de si!?", você pode estar se perguntando. Verdade, não há quem não fale de si, mas, em casos incipientes, é comum as pessoas criarem personagens para si, ou enfeitarem um pouco suas características, a fim de agradar e conquistar um possível parceiro. Então é indispensável que falemos de nós mesmos com a mais absoluta verdade. No longo prazo, preferimos que a pessoa que está do nosso lado assim permaneça porque se agradou da personalidade real que conheceu, não de uma projeção ou atuação.

Do mesmo modo, temos de buscar ouvir abertamente a pessoa com quem estamos começando a nos relacionar. O que ela realmente pensa, deseja, gosta, não gosta, faz e não faz? O que é possível esperar dessa pessoa? Pelo que observo, as pessoas falam muito do que fazem, do que têm, de como são felizes, de quanto dinheiro têm, das viagens que fazem. Mas de si, verdadeiramente, falam muito pouco. É muito palco, muito teatro, tudo com o objetivo de agradar o outro, causar boa impressão. Mas isso não se sustenta muito mais do que alguns meses.

O ser humano é repleto de expectativas. E é justamente daí que vêm suas frustrações. São sentimentos nossos, gerados sabe-se lá por que razão e projetados sobre os outros. Primeiro, criamos a expectativa e a focamos em alguém; depois, porque o foco da expectativa não se realizou (*estranho seria se se realizasse...*), vêm o ressentimento, as frustrações, as decepções. Meu convite aqui é para que não nos submetamos a expectativas equivocadas nem façamos isso com os outros.

Vocês já ouviram este velho ditado: "As dificuldades dos casais se resolvem na cama"? Acho de uma pobreza desesperadora essa suposta verdade. Com certeza, a cama será o cenário onde a relação começou – e onde terminará.

Já ouvi relato masculino dizendo que saiu à noite, bebeu, conheceu uma moça e a levou para seu apartamento. Transaram a noite toda e, ao acordar, pela manhã, sem o efeito do álcool, deparou-se com a moça nua ao seu lado. Sentiu-se mal com aquela companhia ao ponto de chamar um táxi para que ela fosse embora o mais rápido possível. Que experiência sofrida para ambos!

Sejamos verdadeiros e tenhamos relações de verdade. O melhor antídoto para as expectativas é conhecer as pessoas de fato. E, para isso, uma noite é muito pouco.

O desejo de controle e seus prejuízos

Há duas características concomitantes em quase todos os seres humanos. São predicados tão comuns quanto paradoxais. Ao mesmo tempo em que temos dificuldades para tomar decisões, para definir os rumos de nossas vidas, também queremos dar ordens de toda sorte aos outros, determinar o que as pessoas de nossas relações devem fazer. Raramente paramos para pensar nisso. Por mais estranho que pareça, ainda que a pessoa não saiba o que fazer consigo mesma, crê piamente que tem todas as respostas para as dúvidas de outrem – mesmo que não tenha sido questionada.

Faz parte de nossa natureza. Todos queremos mandar, direcionar, conduzir. É um desejo constante, permanente. Desejamos que os outros concordem conosco, pensem como nós pensamos. E isso se manifesta em todas as variáveis das relações humanas, de formas muito distintas.

Observe uma criança, geralmente muito hábil, cheia de artifícios para comandar os pais, para conseguir o que quer. Chora até ficar roxa, nega-se a comer, diz ter medo disto ou daquilo e, assim, vai ganhando espaço na busca do que deseja. Cria álibis para migrar para a cama dos pais na calada da noite. Isso não é mau-caratismo infantil; é da natureza humana. Quantos mimos, quantos presentes, quantas noites na cama dos pais, quanta condescendência um pequeno não conquista ao valer-se de suas possibilidades de controlar?

A sensação de fragilidade e dependência que a criança percebe em relação aos pais, ao mundo e a todo o seu entorno pode ser uma das razões de tentar assumir esse papel de querer mandar em tudo. É como se, num passe de mágica, invertesse a situação. Ela passa a ter o poder, controla os pais e, assim, fantasia incorporar os poderes deles.

Em contrapartida, muitos pais olham para a criança como se fosse incompetente e desprovida de pensamento. Decidem tudo por ela. Não têm paciência de sentar e conversar. Dão ordens e são mandões.

Em geral, dois cenários se manifestam: ou os pais são controladores e mandões, ou os filhos tentam assumir esse papel.

Olhem em volta e percebam como esse cenário é frequente e quase natural no cotidiano de algumas famílias. E isso é um perigo! Se os pais não perceberem cedo que estão sendo controlados, a situação tenderá a se perpetuar. A criança utilizará expedientes cada vez mais sofisticados de controle. À medida que cresce, tentará repetir esses mecanismos em todos os outros contextos em que estiver. Logo, uma criança que desde cedo funciona assim e, portanto, vive com a sensação de que é poderosa será um adulto com grandes possibilidades de criar conflitos, que tenderá ao autoritarismo e viverá a se frustrar, pois o mundo – que não a acolhe nem a apoia como os pais – a contrariará amiúde.

Em geral, essa tendência controladora inata do ser humano se desenvolve imperceptivelmente, de forma inconsciente. O adulto controlador dificilmente fica engendrando, planejando formas de dominar as situações. Ainda que sua ação seja objetivamente nociva, a ele e aos outros, não há maldade objetiva nas suas intenções. Está apenas agindo como se habituou a agir – jogando, constrangendo, acossando, exigindo. São pessoas que usam de todo tipo de argumentação e até de ameaças para conseguirem o que querem.

Então são capazes de dizer coisas assim:

"Não sei se vale a pena seguirmos juntos... Precisas mudar este teu jeito!"

"Se não fizeres o que te peço, não conta comigo para mais nada."

"Não fala mais comigo se não aceitar o que te peço."

No fundo, se o convencimento e a pressão sobre o outro não surtirem efeito, a coisa poderá evoluir para a chantagem. São quase ditadores. Ditadores relacionais!

Evidentemente, relações que envolvem partes que são controladoras são muito complicadas, tendentes mesmo ao doentio. Vejamos o outro lado da moeda descrita acima: os pais "mandões". São tipos com os quais convivo bastante no consultório.

É muito comum vermos pais convictos de que somente eles sabem o que é bom para seus filhos. Esses pais então submetem os pequenos a rotinas, atividades e obrigações de sua preferência. Nesse caso, temos pais que decidem tudo pelos filhos, que não os deixam agir por si, que fazem os temas de escola pelos pequenos e escolhem suas roupas e companhias. Não permitem que o adolescente saia à noite com os amigos, pois temem que não saiba comportar-se adequadamente. As respostas que dão a seus filhos a respeito de suas arbitrariedades poderiam ser resumidas na seguinte fórmula: "Sabemos o que é melhor para você!".

Que tipo de jovem será cunhado? Provavelmente, um sujeito completamente inseguro, com capacidades de avaliação e de decisão prejudicadas. Esses jovens crescerão adultos omissos e limitados para a vida, que terão muitas dificuldades perante colegas e superiores no trabalho, cônjuges, amigos etc.

Se antes, com as crianças controladoras, tínhamos pais aparentemente submissos, aqui a relação se inverte. De uma forma ou de outra, não há nada de saudável nessas relações. Uma criança decidindo por si absolutamente tudo, com toda a sua incapacidade de discernimento e sua inexperiência, é tão inadequado quanto uma criança que não pode decidir absolutamente nada.

É importante frisar que, na verdade, existe uma cumplicidade entre quem manda e o outro que, aparentemente, obedece. Trata-se de uma simbiose, em uma dupla que funciona de uma forma semelhante, pois ambos são controladores – um pela atividade e o outro pela passividade. Percebe-se que essas duplas se buscam ou se atraem. Junta-se a fome com a vontade de comer.

Fique atento à maneira como algumas pessoas dialogam conosco. Estamos expressando nosso pensamento, conversando, contando algo importante para nós, mas o nosso interlocutor não nos escuta efetivamente. Somente aguarda uma brecha para voltar a falar sobre outro assunto, que não tem conexão com o que falamos. Na verdade, ele quer ser ouvido e não tem interesse em efetivamente nos escutar. É um exemplo frequente de desejo de controle, que se apresenta no cotidiano.

Na vida de um casal, viceja a presença desses mecanismos de controle. O homem precisa pedir permissão à mulher para jogar futebol com os amigos após o trabalho. A mulher não pode sair com as amigas para um *happy hour* sem a concordância do marido. Numa festa infantil, os dois precisam ir, mesmo que um deles não deseje. Sempre um escolhe o filme ou o restaurante a que irão. O modo de um vestir-se depende da concordância do outro. Nem pensar em não almoçar com os pais do marido aos domingos. E mais um sem-número de situações de que você, leitor, está se lembrando neste momento.

Uma maneira de observarmos em cada um de nós a presença maior ou menor desses desejos de controle é contemplar o grau de irritação com que reagimos quando alguém discorda ou age distintamente de nossa expectativa. Precisamos saber que essa vontade de mandar em tudo é atávica no ser humano; logo, não se sinta doente se você perceber esses pensamentos borbulhando em sua mente. O bom seria, ao notar a presença desses mecanismos de controle, não nos submetermos a eles, deixando-os num segundo plano, em "banho-maria". Em vez de deixar que nos controlem, é saudável não darmos espaços para que comandem nossas vidas.

Um bom expediente para combater o mandão que carregamos dentro de nós é pedir a alguma pessoa próxima e com intimidade para que nos ajude, que nos alerte diante de alguma manifestação dessa postura mandona.

De qualquer forma, cabe estarmos sempre de olho em nossos pensamentos, em nossos atos e também na maneira como nossos pares, amigos, colegas e familiares se expressam e agem. A observação ativa pode ser um antídoto contra a **arte de ser infeliz**.

Pais que infantilizam os filhos

Sofrimentos, dificuldades, problemas. Todos sabemos o quanto as circunstâncias da vida são incômodas e difíceis. Por isso mesmo, tentamos fazer o possível para que as pessoas que amamos não passem por dificuldades. Isso ocorre de forma muito especial na relação entre pais e filhos. Contudo, há um grande risco nisso: o risco da infantilização dos filhos.

Talvez você mesmo já tenha feito isso ou já viu alguém se intrometendo em demasia na vida de seus filhos. Seja no sentido de querer mostrar o melhor caminho, de ensinar, de passar experiências, seja por vontade de evitar sofrimentos. Por exemplo, o pequeno começa a não fazer seus temas escolares, ou vai mal na escola, e logo lá estão os adultos fazendo deveres de casa, calculando, recortando, colando, enfim, cumprindo tarefas escolares, para que a criança tenha melhores notas. O filho não faz uma tarefa combinada na casa, como lavar a louça; de pronto, um dos pais lava a louça, em vez de falar com o filho sobre esse seu "esquecimento". A explicação comum dada pelos pais para fazer no lugar dos filhos, em vez de conversar e confrontar, é esta: "Fiz para não me incomodar". Com certeza, o incômodo evitado na infância virá com muito mais força no curso da vida.

Por que os pais tendem a agir assim? Posso imaginar algumas respostas: "Queremos que eles aprendam"; "Sabemos o que fazer para que eles se saiam bem"; "Para diminuir o nervosismo deles"; "Eu sofri na infância e não quero que meu filho passe também por isso" etc.

Imaginem uma criança com dificuldades de relacionamento com seus pares na escola. Volta para casa chorando porque os colegas não lhe dão atenção e não a convidam para brincar. Em vez de sentarem-se com o pequeno, ouvi-lo, escutá-lo, apresentar-lhe alternativas e tentar deixar que aprenda na prática a relacionar-se, alguns pais são capazes de ligar para os pais das outras crianças, para que estas mudem a atitude em relação a seu filho.

Outra possibilidade: a criança refere dificuldades para dormir em sua cama e, à noite, vai para a cama dos pais. A tendência dos pais é condescender. Logo, a cama do casal vira a cama da família por muito tempo. Para facilitar a vida do casal, a tendência é deixar a criança dormir junto. O mais saudável seria bater um papo com o pequeno, levá-lo de volta para seu quarto, deixar um abajur aceso, ficar um tempo lendo, sentado numa poltrona. Geralmente, crianças com esses medos noturnos cedem à postura firme e esclarecedora dos pais.

Percebam nesses dois exemplos a sutileza do desejo de controle que os pequenos têm em relação aos pais. Criança é um *serzinho* malandro, esperto, inteligente e ardiloso. Age de forma certeira, focada, inconsciente e não preconcebida. De qualquer forma, vão tentando tomar conta dos espaços e do poder dos pais. Montam pequenas armadilhas na vida familiar. Cabe aos pais, com sutileza, carinho e respeito, desmontá-las – até porque assim poderão ajudar o filho a não carregar esses vícios pela vida.

Isso tudo é muito engenhoso, com riscos de atrapalhar a formação da personalidade das crianças. É patente que, com a condescendência dos adultos, a criança logo perde a noção de limites, pois percebe, intui, que tem uma capacidade enorme de manipular os pais, de conseguir qualquer coisa que queira. É comum os jovens não desenvolverem suas competências, tanto emocionais como cognitivas, em decorrência desse amparo inadequado dos pais. Conforme crescem, esses indivíduos vão apresentando sinais de infantilização, com uma dependência desmesurada. Na adolescência e na vida adulta, valem-se, então, dessas prerrogativas de forma inconsciente, manipulando os pais, exigindo suporte material, emocional e financeiro além dos limites de uma relação saudável e possível.

Esses filhos já adultos se percebem frágeis, inseguros, sem iniciativa para cuidar de suas vidas. Passam a precisar e apelam constantemente aos pais. De uma forma consciente e objetiva, buscam nos pais solução direta para seus impasses diários. Precisam que paguem suas contas, pedem dinheiro constantemente, que levem e busquem o neto na escola, que mandem a faxineira limpar seu apartamento.

Observem a forma inconsciente de pedir ajuda, por meio de trapalhadas e bobagens na condução de suas vidas. Aí a criança que jogava com choro e manha vira um adulto que tem de recorrer aos pais para buscá-lo em uma *blitz*, pois não pagou o IPVA; que precisa de ajuda porque a luz foi cortada em casa, pois se esquecera de pagar a conta; que está no cheque especial e não consegue pagá-lo etc. É claro que, nessas situações, os pais que infantilizavam os filhos correm para dar cobertura. E o ciclo doentio se revigora.

Aos pais que se identificam com este texto, digo-lhes para que não se culpem; porém, que repensem a relação. Cuidem para não entrar num processo de autocomiseração, de justificação – "Eu fiz isso porque amo meu filho". Nem cultivem a crucial questão que pode passar por sua cabeça: "Onde foi que nós erramos!?".

Ora, educar filhos não é um jogo matemático, de acertos e erros. É um processo dinâmico, que muda com nossas experiências, com o passar do tempo, e que também dependerá da maneira de ser de cada filho. Fujam da autopunição, pois não se trata de acertar ou errar, mas de avaliar o que se pode fazer de forma diferente, com o intuito de mudar a postura.

É importante que os pais se deem conta de que as crianças devem buscar suas alternativas, escolher alguns caminhos. Elas precisam viver frustrações, encarar perdas, enfim, perceber que são capazes de tomar conta da própria vida. Algumas atitudes simples, mas saudáveis, ajudam a criança a se sentir competente: permitir que a criança tome seu banho quando solicitar; deixá-la tentar fazer sua higiene após urinar ou defecar; determinar que guarde os brinquedos que usou; deixar comer sozinha, mesmo que suje o chão; não se importar se vai se sujar na praça... Claro, tudo isso com a supervisão dos pais.

As dificuldades são visíveis desde tenra idade, mas é na adolescência que tomam contornos mais dramáticos. Jovens infantilizados tendem a variar entre uma tibieza, digamos, preguiçosa, e uma agressividade desproporcional, sobretudo quando contrariados ou não atendidos em seus caprichos. Esses adolescentes podem ter sérias dificuldades de relacionamento e aprendizagem e acabam envolvendo-se em problemas diversos, alguns mais graves. Não raro, acabam às voltas com gravidez na adolescência, uso de álcool ou drogas, mau desempenho escolar e agressividade.

Tenho uma hipótese sobre moças esclarecidas que engravidam na adolescência. Percebo que a gravidez não ocorreu por falta de conhecimento. A questão é que engravidar pode ser um álibi inconsciente, como um salvo-conduto para que essa jovem continue dentro da casa dos pais. Com a gestação, virá um bebê que precisa ser cuidado, e aí entra a mãe, que também seguirá sendo protegida. Dessa forma, não precisará enfrentar os desafios que a vida impõe. Percebam que, em geral, essas jovens engravidam de rapazes completamente infantilizados, que não poderão ou não desejarão assumir a paternidade.

Outra ideia que tenho é a respeito de alguns jovens que usam maconha ou bebem demais, ao ponto de não conseguirem administrar suas vidas escolares, profissionais e relacionais. É uma estratégia perfeita, de cunho psicológico inconsciente, para não se comprometerem com as suas vidas. Os pais ficam pagando as contas, tentando arrumar empregos ou tirando eles de todo tipo de encrencas, até policiais. No caso, usar álcool (ou maconha) pode se tornar um escudo protetor para não encarar as exigências da vida adulta. E o perigo maior é os pais se sentirem culpados pelos maus caminhos dos filhos, de modo que não se permitem mudar de atitude em relação a essa simbiose doentia que se criou.

Apresento um outro viés nessa questão da infantilização. Observei alguns pais cultivando em um de seus filhos a semente da eterna dependência, para tê-lo sempre a seu lado. Sem se darem conta, os pais acabam escolhendo um dos filhos para que fique sempre por perto. Passam a vida, então, sem perceber, negociando para que esse rebento não se torne independente e não os abandone.

É como se dissessem: "Este ficará aqui para cuidar de nós". Com esse filho serão para lá de permissivos. Ainda que não lhe agradem, não darão muita importância para bebedeiras repetidas, drogadição e outros comportamentos destrutivos. Também cobrirão o jovem de presentes e regalias – dinheiro para festas e compras, um carro aqui, um apartamento ali...

Inicialmente – e por um bom tempo –, esse filho até gostará e incentivará essa relação de interesses; mas, com o tempo, perceberá que teve sua vida como que boicotada. Não demorará então a dar-se conta de que a vida passou, mas ele ficou estagnado, contando com as mercês de seus pais. Novamente, o resultado será um sujeito frustrado e comprometido no seu desenvolvimento, mesclando suas ações entre passividade e agressividade. Esses jovens tendem a ser raivosos, pois não compreendem bem o que os impediu de evoluir na vida, mas intuem que a relação com os pais não foi bem encaminhada.

Em todos os casos aqui mencionados, o recomendável é dar espaço, deixar que as crianças e os jovens vivam suas vidas. Isso não significa que se deva abandonar os filhos à própria sorte. O adequado é deixar que acertem e errem conforme as contingências e situações. Sempre conversando sobre o que deu certo e o que deu errado, mas sem ficar no papel de quem sabe tudo.

Outro alerta aos pais. Observem o sentimento que acalentam em relação aos filhos. Para alguns, ser pai não é uma experiência de todo prazerosa. Sentem um sobrepeso e até um descontentamento pelas exigências naturais da paternidade. Esses sentimentos podem gerar nos pais um desejo de livrarem-se o mais precocemente das demandas e dos cuidados com os filhos. Olham para os filhos púberes ou adolescentes e os imaginam prontos para enfrentar a vida. Então estimulam que saiam à noite, que bebam e que não precisem fazer nenhum relato do que fazem nem por onde andam.

Aos pais que não sentem grandes afetos e prazeres em relação à paternidade, sugiro que não se abatam, não se culpem; apenas aceitem a situação. Se, em algum momento, forem cobrados por mais carinho, afeto, abraços e juras de amor, que possam revelar essas limitações aos filhos. Falar de nossas dificuldades costuma trazer mais intimidade e proximidade.

Finalizo deixando uma máxima de minha mãe em relação ao trato com os filhos: "Na dúvida, aperte – não afrouxe".

A brabeza diante das expectativas frustradas

Se há algo em minha vida que observo de forma incessante e incansável é a minha possível irritação, meus aborrecimentos diante de vivências que me frustram. Jamais descuido de meu potencial irascível. Não se trata de uma mania despropositada de psiquiatra. No passado, já fui um sujeito mais brabo, irritadiço. Hoje, contudo, creio que controlo de forma satisfatória essas minhas tendências com o custo de muita atenção e disciplina. Sempre fico de olho na minha brabeza e, quando percebo que ela pode crescer, mesmo diante de situações em que estou *cheio de razão*, rapidamente tento administrá-la. Tenho me saído bem.

Não advogo **irritação zero**, o que há de ser impossível. Mas percebo que, quando estou brabo e irascível, minha mente fica mal; carrego um sobrepeso, o que não me agrada e não me faz bem. Tenho esse cuidado não motivado por nenhuma doutrina filosófica ou religiosa, mas para cuidar da minha saúde mental e prezar pelos que me cercam. Quando estamos brabos, qualquer olhar ou palavra dos que estão próximos pode gerar uma crise, um conflito. A brabeza tira a capacidade de pensar. Ficamos ao dispor dos impulsos, o que é muito perigoso.

A irritação é atávica; faz parte da natureza humana. O ser humano não é um animal bonzinho, cordato, disposto a tudo. Mesmo antes de adquirir a linguagem verbal, quando se comunica apenas com gemidos e choros, já deixa clara a sua tendência inata de embrabecer-se. Cresce um pouco mais e já passa a agredir fisicamente quem lhe desagrada.

Uns mais, outros menos, temos boas e más inclinações em nosso ser – e, certamente, a irritação, a violência e a impaciência são algumas características inscritas em nossa DNA.

Falemos, então, do cotidiano, de situações que podem afetar a todos nós. **Por que, afinal de contas, ficamos brabos e irritados diante de dificuldades triviais?** *Vou citar neste texto várias fontes geradoras de brabezas. Começo pelas nossas expectativas. As reações abusivas são, em geral, respostas a frustrações que, por sua vez, decorrem de expectativas que nutrimos, de busca por resultados ou coisas que almejamos, mas que não se realizaram. Se a moça espera que o namorado lhe dê flores no seu aniversário, mas ele lhe oferece um perfume, pode ser motivo para não gostar do presente e ficar irritada com o amado. Expectativa frustrada! Percebam que o gatilho para o aborrecimento não está no presente nem no namorado, mas no imaginário da namorada.*

É evidente que o nosso inconsciente está impregnado de sentimentos reprimidos e não perceptivos na consciência. Logo, um fato pode desencadear reações desproporcionais. Se passamos por situações de maus-tratos ou abusos na infância, qualquer vivência que remeta àquela experiência nos deixará muito irritados e brabos. É como se o fato atual abrisse uma comporta reprimida de chateações do passado. Emerge uma enchente de sentimentos raivosos.

Quando não alcançamos ou não recebemos aquilo que desejamos, perdemos a paciência muito facilmente. Queremos que nossas opiniões sejam aceitas; almejamos que todos concordem com nossas ideias; esperamos que nossos planos saiam da forma como os planejamos. Se contrariados, podemos perder a cabeça.

A realidade nos mostra, a todo o momento, que nossas expectativas são frequentemente frustradas. Se me irrito com isso, tenho duas possibilidades. Mudar o mundo ou mudar minha mente. Em outras palavras, sou o único responsável pelas minhas reações irritadiças. É bom que seja minha responsabilidade, pois poderei ser o agente da mudança. Percebam que não usei a palavra "culpa", mas "responsabilidade". "Culpa" costuma vir acompanhada de um impulso de punição – ou seja, inconscientemente alguns podem repetir o ciclo: discute, se irrita, briga, se sente culpado e arruma um jeito de se punir. Cria-se um ciclo repetitivo e infindável. Se me sinto responsável pelo malfeito, vou enfrentá-lo – e com a determinação de não repeti-lo.

Existe outro mecanismo inconsciente que pode explicar nossa brabeza: **o desejo de controle**. Ele estimula nosso imaginário a pensar e agir como se pudéssemos tomar conta de tudo e de todos. Como se nos tornássemos o "poderoso chefão", personagem dos filmes da máfia italiana.

Lembro-me de uma senhora que recém ingressara na menopausa. Houve queda dos níveis hormonais e no seu desejo sexual. Para piorar, atualmente os ginecologistas não recomendam a reposição hormonal. Seu companheiro ficou irritado com a falta de desejo sexual dela, como se fosse um descaso com ele. Queria transar de qualquer jeito, pois o ato sexual seria uma demonstração de que era amado. O desejo de controle se disfarça no desejo de ser amado.

A presença do desejo de controle cria uma falsa ideia de que somos muito importantes, de que o mundo deve curvar-se ante nossos desejos. Quanto mais importantes acharmos que somos, maiores serão as decepções e as irritações. Os conflitos são iminentes diante de um controlador: ou a pessoa se submete e se irrita caladamente, ou explode e o manda longe. Um bom remédio nessas horas em que nos achamos especiais é seguir o que dizem os adolescentes em suas gírias: "Menos, menos...". Diria eu:

"Muito menos! Nós não temos esta bola toda."

O trânsito é um bom cenário para observarmos a maneira atrapalhada de reagirmos. Ficamos facilmente irritados em função das atitudes dos outros motoristas. Por vezes, temos razão; por vezes, não, pois não raro temos as mesmas atitudes que tiveram aqueles que nos irritaram, cometendo os mesmos deslizes que os outros cometem e que nos fazem ficar furiosos.

É assim com tudo o mais na vida: quando nos atrasamos para um compromisso, esperamos compreensão de quem nos espera; quando somos nós que esperamos, exigimos explicações e pedido de desculpas de quem se atrasa.

Para que possamos entender melhor nossa brabeza, é interessante observarmos outro mecanismo presente no nosso imaginário, chamado de **projeção**. Por meio dele, tentamos colocar nos outros os sentimentos que nos importunam e nos incomodam. Seria algo assim: o caixa do banco não está com boa vontade comigo, mas, de fato, sou eu que estou irritado porque acho que ele levou tempo demais para me atender. Se sou desconfiado, penso que os outros estão contra mim, mas, de fato, sou eu quem criou essa ideia insensata e a projeto e a deposito nos outros. Essa tentativa de nos livrarmos das ansiedades projetando nos outros não resolve, pois ela segue intensa dentro da nossa cabeça. É como um bumerangue que jogamos para longe, mas logo volta em direção a nós.

Se conseguirmos perceber esse movimento que nos gera brabeza, será já um bom começo. Se somos a fonte do problema, podemos ser a solução também, o que é bem interessante. Diante disso, é oportuno empreender uma reeducação, uma atenção relevada sobre nossas reações, buscando absorver e perceber que nossa irritabilidade não abrirá porta alguma.

Às vezes situações banais do cotidiano podem ser vividas por alguns como algo provocativo. Exemplos: uma discussão sobre política; um esbarrão acidental na rua; opiniões diferentes sobre o futebol; uma desavença qualquer; ouvir alguém nos dizer um palavrão...

Lembro-me de um amigo que ficou transtornado ao ser chamado de "corno", palavrão que sugere que fora traído por sua mulher. Em geral, é algo que agride intensamente os brios masculinos. Porém, na ocasião, esse amigo estava solteiro (!!!!!) e também não se lembrava de haver passado por alguma experiência de traição no passado. Ou seja, ele não teria como ser "corno" de fato. Porém, insanamente, não conseguiu pensar por um segundo e se dar conta de que a aparente ofensa só teve sentido porque o seu imaginário deu um significado quase real a ela.

Esse caso evidencia que a brabeza nem sequer está conectada ao fato em si, mas à representatividade que a palavra tem na memória emocional. Por exemplo, se fomos maltratados e desqualificados por nossos pais, por um companheiro, pelo chefe, enfim, nossa memória fica impregnada por um sentimento de desvalia. Qualquer palavra que soe como desqualificação destravará raivas passadas e represadas que se misturam com o fato atual e podem virar um *tsunami* explosivo.

Importante ressaltar que destas minhas ponderações sobre brabezas do cotidiano excluo pessoas com doenças psiquiátricas, como as portadoras de transtorno de humor bipolar, transtornos de ansiedade (obsessivo-compulsivo, fobias, síndrome do pânico), depressão e dependência química, entre outras. Muitas pessoas com explosões de irritação podem ser portadoras de alguma doença psiquiátrica. Provavelmente, com uso de alguma medicação sua brabeza cederia.

É claro que, para lidar melhor com a brabeza, não é necessário tornar-se um sujeito apático, indiferente e passivo, incapaz de reagir. Uma dica que dou diante de discussões acirradas e com alto grau de irritação é propor postergar a discussão para um outro momento. Sempre teremos oportunidade para, num outro dia, retomar o assunto com alguém que nos tratou de uma forma que não achamos adequada.

Não nos esqueçamos jamais de que **a expectativa é a mãe da frustração**. Ah, e o uso de álcool aumenta em muito o nosso potencial agressivo.

A falta de intimidade entre os casais

Ao se casarem, os casais prometem: *"Até que a morte nos separe"*. Não contam, contudo, com problemas de comunicação, do convívio do dia a dia.

A comunicação pode ser verbal e não verbal. Na verbal podemos expressar nossos pensamentos e sentimentos por meio da fala. Na não verbal, por meio de gestos, expressões faciais, ruídos e mesmo pelo silêncio. O recém-nascido, por exemplo, só consegue se comunicar pelo choro.

A responsabilidade pelos problemas relativos aos relacionamentos depende basicamente de cada um de nós, mesmo que o outro tenha sido inadequado em expor o seu ponto de vista. E é por isso que estamos aqui, analisando a nós mesmos e tentando melhorar nossa relação com a vida.

Um dos contextos em que as dificuldades de comunicação ocorrem de forma mais intensa e constante é o relacionamento de casais. Não é raro nos expressarmos de forma intempestiva. Quando falamos com o parceiro, em algumas vezes o fazemos de um jeito irritadiço, desmedido e mesmo invasivo. Esse modo de abordagem gera um desconforto, uma recusa automática de avançar numa resolução. Assim, os problemas permanecem e até ganham maiores proporções.

Outro ponto importante na comunicação se refere a quem escuta e devolve a informação recebida, demonstrando que a mensagem foi entendida. Por mais que possa ser clara a mensagem, temos a possibilidade de o receptor entender do jeito que deseja. De um lado está quem fala; do outro, aquele que ouve e faz dentro de si uma releitura do que ouviu. Parece uma maluquice, mas, sim, a comunicação pode ser clara, o emissor pode ter falado com delicadeza e respeito e, ainda assim, o outro pode não concordar.

Exemplifico com a conversa que presenciei de um casal. Eles tinham uma cachorrinha com dermatite, para o que tentaram vários tratamentos, sem sucesso. O esposo disse que talvez devessem pensar em deixá-la mais tempo sob o sol. A esposa se indignou e disse que já perdia muito tempo com o animal e que, dessa maneira, não poderia fazer suas coisas. Aumentou o tom da voz. Ato contínuo, o esposo respondeu:

– Não te pedi para levá-la ao sol, não estou te cobrando um desempenho maior com o cachorro. Eu mesmo posso fazer isso.

De fato, não percebi cobrança nem irritação da parte do marido, mas, mesmo assim, a mulher, no seu imaginário, achou que estava sendo cobrada. Talvez tenha sido muito exigida e cobrada na sua infância e carregue no seu inconsciente esse fantasma. Felizmente, a evolução da conversa foi proveitosa. Mas percebam como estamos impregnados de ranços e como é fácil o nosso inconsciente distorcer o sentido do que foi dito, daquilo que ouvimos.

Reforçando este conceito: o sucesso da comunicação depende não apenas de quem fala, mas também de quem escuta. Além da palavra dita, existe o nosso pensamento e nosso humor, que fazem parte desse processo e o influenciam. Evidentemente, é difícil as pessoas perceberem o quanto interferem para o bem ou para o mal no exercício da comunicação.

Um distúrbio do pensamento pode deixar as pessoas mais desconfiadas. Estas apresentam grandes possibilidades de se sentirem acusadas pelo outro – ou pela palavra, ou pelo tom da voz. O humor também é responsável pela distorção na comunicação. Imaginem um sujeito triste, abatido pela derrota de seu time de futebol; nesse momento, uma palavra pode ser distorcida em seu imaginário, em função de seu humor abatido, irritado.

Para lidar melhor com a comunicação, faço algumas recomendações, que bem servem a qualquer pessoa, mas se encaixam perfeitamente para as relações entre os casais.

O momento. É importante escolher bem a hora para falar. A sabedoria popular é realmente sábia quando diz: "Roupa suja se lava em casa". Conversas íntimas devem ser íntimas de fato, sem filhos ou outras pessoas por perto. Também se deve ter o cuidado para perceber a receptividade, o estado de humor do cônjuge para discorrer sobre aquele assunto naquele momento. Ah, importante: sempre é uma má ideia conversar com alguém que bebeu, mesmo que não esteja realmente alcoolizado. Isso vale também para quem usou outras drogas ou está sob efeito de tranquilizantes.

O conteúdo. Analise bem a matéria. Veja a questão que você quer tratar. Cuide para não misturar questões, para não confundir a situação. Bom conteúdo é feito de *palavras bem colocadas*, com objetividade e verdade. Nada de boatos, fofocas, ilações.

A forma. Por fim, respire calmamente e ajuste seu tom de voz e seu jeito de falar. Não adianta apenas escolher o momento certo para tratar de um tema necessário. É indispensável que se cuide de como se fala. Pense bem. Quantas discussões entre você e seu par não acabaram se atendo a uma palavra dura que foi dita, ou ao grito que foi dado? Gritos, brabeza, cobranças e ameaças são artifícios danosos para um papo exitoso.

Você combinou de pegar sua namorada em casa às 19 h para irem ao cinema, para ver um filme. Depois programaram jantar e sair para dançar. O filme começará às 20 h. No horário marcado, você está em frente à casa dela, conforme combinado. Ela costuma se atrasar. Você se irrita. Ela entra no carro às 19h20. Ainda dá tempo de chegar ao cinema e pegar o filme. Mas você está desconfortado e se considera desrespeitado. Você então tem várias opções:

- Expressa naturalmente seu incômodo com o atraso.
- Fica bravo e não quer ir ao cinema.
- Passa por cima, mesmo chateado, e segue com a programação.
- Importa-se com o ocorrido, mas deixa para falar depois do filme.

Evidentemente, sempre o melhor é oferecer ao outro o que estamos sentindo, mas *devemos ter muito cuidado ao falar*, ao expressarmos o que sentimos, para evitar indelicadezas e, então, piorarmos a situação ainda mais. Não existe uma receita pronta. Tudo vai depender mais da interpretação que o namorado dá ao fato do que do fato em si. Nesse caso, pesará mais o emocional, o imaginário, do que a realidade. É claro que a resposta da namorada é muito relevante, pois poderá acalmar ou aumentar o desconforto do companheiro.

Outro fator complicador nas relações conjugais é a cobrança, o **desejo de controle**. Penso ser fatal quando um dos cônjuges pretende mandar na vida do outro. Pior ainda quando os dois são assim. "Hoje você não vai jogar futebol com seus amigos, não quero ficar sozinha em casa"; "Mulher minha não sai com esta saia, chama muita atenção!"; "Eu que pago, logo escolho o restaurante"; "Não quero que visite sua mãe."

Exemplifico com a história de um amigo que estava descontente e irritado com a esposa, que perdera o desejo de transar. Ela estava na menopausa e, evidentemente, por uma razão hormonal, perdeu a libido, a lubrificação vaginal, de modo que transar fica difícil. Mas percebi que ele negava essa realidade e ficava se sentindo desprezado. Claro que essa pessoa trazia, no bojo de seu emocional, um sentimento de baixa autoestima, o que gerava a negação da realidade. Até porque a própria esposa também se chateava com a perda da libido. A natureza, do ponto de vista da sexualidade, é mais cruel com as mulheres, pois os homens seguem com desejo.

A vida sexual pode ser maravilhosa, mas também pode ser fonte de muitas cobranças e aborrecimentos conjugais. Digo isso porque alguns casais depositam no sexo o sucesso ou insucesso da relação. Percebo que algumas mulheres transam sem sentir verdadeiro prazer, pois os companheiros estariam mais preocupados com seu próprio prazer e se esquecem de olhar para a reação da companheira. Outras vezes, homens têm ejaculação precoce, o que impossibilita uma vida sexual prazerosa para a mulher. Os homens tendem a negar o malefício disso e fazem de conta que tudo está bem. Já escutei de mulheres que, ao falar sobre esse assunto, o companheiro respondeu que jamais tivera esse problema, sugerindo que o incômodo teria surgido nessa nova relação.

O fundo disso é uma necessidade que alguns têm de controlar as situações. Nada pode sair de suas expectativas, incluindo os passos da pessoa com quem deveria compartilhar a vida com afinidade e cumplicidade. Já cheguei a ouvir de uma moça que ficou irritada e se sentiu desqualificada quando o esposo usou uma roupa diferente daquela que ela escolhera para ele ir trabalhar.

Autorizo-me a fazer um prognóstico em relação ao melhor modelo de parceria num casal. Penso que, para uma relação ter menos conflitos, é fundamental que as partes mantenham sua individualidade. Cada um deve manter seus gostos e seus costumes, cuidando de si e, depois, do casal.

A arte de sabotar sua própria empresa

Um assunto relegado ao esquecimento, a despeito de sua recorrência e importância, é o que diz respeito às relações profissionais. Chama a atenção a pouca importância que damos à vida emocional no desempenho profissional. Parece haver uma dicotomia em que só interessam a inteligência e o preparo do profissional para alcançar suas metas.

A prioridade é a produção; o foco está nos resultados. E não há equívoco nisso. Entretanto, é preciso dar atenção a algo indispensável, que é o emocional do colaborador. Seria muito oportuno e saudável num contexto de trabalho que a convivência privilegiasse relações mais verdadeiras e transparentes. Seguramente, possibilitaria mais qualidade de vida e também maior produtividade, eficiência e cumplicidade dos envolvidos nas tarefas.

Não há equívoco em focar nos resultados, porque é por isso que os seres humanos se reúnem em organizações de trabalho, para produzir. Mas não há por que não prestar atenção nas necessidades das pessoas.

Não temos a cultura de procurar saber se os colegas ou os subordinados têm algo para falar, ou se há algo os incomodando, se estão magoados ou não gostaram de algo que foi dito. Vivemos focados nas aparências, naquilo que parece convir a ser dito, deixando de lado a verdade nas relações de qualquer natureza.

Em algumas consultorias que prestei a empresas e instituições, deparei-me com chefes que tinham o perfil de mandões, com posturas absolutistas. Quando digo *mandões*, não significa que são pessoas más ou que desejam prejudicar e maltratar o colaborador. Porém, são gestores que só prestam atenção no que pensam e nos seus conteúdos e conceitos; os outros que trabalham no entorno são apenas depositários de suas ideias. Não têm interesse em ouvir a opinião ou o parecer dos que estão em níveis hierárquicos inferiores. Seus funcionários precisam produzir exatamente da forma como eles supõem ser o correto, sem negociação. O agravante desse jeito de funcionar é que esses gestores não têm a menor percepção dessa maneira de agir.

Esse tipo de comportamento é nocivo e prejudicial às boas relações profissionais. Colaboradores submetidos a esses ambientes tendem a silenciar, a evitar atitudes resolutivas e cooperativas. O resultado aparece de forma escancarada na produtividade da empresa. E eis um belo paradoxo. O chefe soberbo e desmedidamente exigente crê que extrairá o máximo de seus funcionários com seu método, mas é justamente essa maneira de agir que impede o desenvolvimento de todos na empresa, impedindo também um bom ambiente para os colaboradores e redundando em resultados financeiros aquém das possibilidades e expectativas.

De fato, já temos por hábito a sonegação da verdade. Somos viciados em comportamentos excessivamente polidos, constituídos em aparências. No trabalho, onde precisamos nos ajustar, sob pena de não sermos aceitos, essa tendência se acentua naturalmente. Some a isso uma chefia castradora e então o resultado será um ambiente de extrema artificialidade. Isso é péssimo para a pessoa, pois interfere em seu humor e em sua consciência, mas também é "tóxico" para os demais e para a organização.

Que tipo de relação estaremos desenvolvendo se não pudermos ser verdadeiros e honestos? Por isso, estimulo sempre o expediente da verdade, da abertura, tanto para empregados como para empregadores. É claro que há de se ter cuidado para não ferir suscetibilidades e não colocar em risco algo de que não se pode abrir mão. Mas, aos poucos, com diálogo, paciência e boas intenções, é possível sair da espiral de silêncio de fingimento em que costumamos nos meter. A palavra-chave é **expressar-se**.

Atualmente, assunto batidíssimo, repetitivo e cansativo é a diferença entre chefe e líder. Efetivamente, o que distingue um do outro não é o grau de conhecimento técnico para a tarefa, mas as características da personalidade. Chefe é o sujeito que quer mandar, comandar, mostrar que ali ele é quem sabe de tudo e decide tudo. É um poderoso, grandioso, onipotente. Deseja lucros e crescimento da empresa, mas despreza seus colaboradores, não tem olhos e ouvidos para eles. Evidentemente, por trás desse comportamento se esconde um ser humano frágil e inseguro.

Já o verdadeiro gestor, o líder, não é arrogante, megalômano nem onipotente. Traz as pessoas para perto de si, pede opiniões, discute projetos e planos. Não se constrange em mostrar dúvidas, mudar de ideia e de caminho. Não se ofende com colaboradores que discordem ou pensem de forma diferente da sua. Estimula que digam o que pensam. Evidentemente, essa postura não significa submissão ou fraqueza de quem comanda e orienta. O que temos aqui é um homem seguro de si, respeitoso e que não precisa pisar nos outros para crescer e mostrar sua competência. A autoridade verdadeira de que goza o gestor é conquistada, é construída.

A quem comanda, recomendo conversar abertamente com os chefiados, fazendo comentários honestos e pedindo para que façam o mesmo. Já aos colaboradores, oriento para que tenham uma atitude de abertura com seus pares, criando um ambiente de circulação da verdade; e que, aos poucos, na medida do possível, estabeleçam essa relação com os superiores.

E isso vale também para nossas relações pessoais, evidentemente. Eu mesmo fico muito satisfeito e seguro quando um paciente me fala a verdade sobre algo que o está incomodando no tratamento, em nossas conversas. Não desejo que haja no meu trabalho relações estratificadas, em que eu seja o doutor poderoso e o outro, o paciente passivo, doentinho. Também me agrada, sobremaneira, quando um filho se autoriza a pensar ou agir diferentemente de mim. É claro que os aplausos e os elogios são ótimos, fazem-nos bem. Devemos sempre oferecer isso às pessoas. Mas não apenas isso.

No passado, vivemos o período da disciplina, em que as pessoas seguiam regras, cumpriam tarefas e horários. Hoje temos uma sociedade do desempenho, em que todos precisam render mais e mais, o que efetivamente distancia as pessoas. No mundo corporativo, os americanos criaram as expressões *"losers"*, para os perdedores, e *"winners"*, para os ganhadores. Não é por acaso que nos ambientes onde o que menos importa é a pessoa tem aumentado a incidência de depressão, síndrome do pânico, dependência de álcool e drogas.

Penso que estas próximas décadas estarão voltadas para o maior entendimento, investimento e desenvolvimento do funcionamento da mente humana. Atualmente, quando se contrata um profissional, pesam mais o seu conhecimento e seu currículo. Entretanto, com o passar do tempo, os olhos do pessoal dos recursos humanos tendem a se voltar para o comportamento da pessoa no trabalho. Já é uma máxima no meio: "Conhecimento contrata, comportamento despede".

Entre as regras do passado e as pressões do presente, devemos buscar o equilíbrio e, na gestão de pessoas, saber falar e ouvir, gerenciar e liderar. É com esse olhar sobre a gestão emocional que algumas vezes sou convidado a participar da intimidade de algumas instituições. Percebo certo receio dos gestores com minha chegada para participar de reuniões de trabalho. Parece que vou apontar o dedo mostrando condutas inadequadas. No final dessas consultorias, observo satisfação e gratidão a respeito de minhas intervenções. Não é que eu seja mágico nem nada; a questão é que todas as organizações, como lugares onde pessoas se relacionam, podem carecer de orientações e esclarecimento para que a coisa flua melhor.

Para bom entendedor, meia palavra não basta!

Sou um grande apreciador de ditados, lugares-comuns, aforismos. São percepções populares, empíricas, baseadas em realidades facilmente verificáveis e estabilizadas em expressões seculares. De fato, em geral, os ditados correspondem aos fatos. Porém, se há um com o qual não concordo, é com este: "Para bom entendedor, meia palavra basta". Não! O certo seria: "Para bom entendedor, meia palavra **não** basta!".

A linguagem verbal é uma exclusividade do ser humano. E a desenvolvemos tanto e chegamos a níveis de refinamentos tais que nem sempre as palavras combinadas fazem referência direta aos objetos a que se referem. Falo das figuras de linguagem, que são modos subjetivos de dizer as coisas. Usamos e abusamos de metáforas, hipérboles, metonímias e quejandos.

Também falamos de formas indiretas. Em vez de dizer claramente "Sou contra isso", dizemos: "Isso não parece uma boa ideia...". Escondemo-nos atrás de plurais ou de entes abstratos para tirar a responsabilidade sobre o que dizemos e, às vezes, para ficarmos no papel de bonzinhos. Aí, em vez de "Decidi demiti-lo", o chefe tasca: "Acho que você já esgotou sua capacidade de cooperar com a empresa e decidimos desligá-lo de suas funções...".

Enfim, utilizamo-nos excessivamente dos muitos recursos linguísticos de que dispomos. Abusamos de ferramentas da fala e da escrita que são realmente úteis e acabamos, muitas vezes, dificultando, em vez de facilitar, a comunicação. Valendo-nos de forma equivocada desses expedientes que deveriam servir ao melhor entendimento, não somos claros, não oferecemos ao outro aquilo que estamos pensando. E criamos conflitos ou expectativas totalmente inadequadas.

Dou aqui um exemplo muito comum, uma situação com a qual nos deparamos cotidianamente. Você encontra um amigo íntimo ou um familiar que não lhe percebe bem e pergunta automaticamente: "Tudo bem com você?". Não, não está tudo bem. Você sabe. Mas a tendência, no mais das vezes, é você engolir a verdade e dizer: "Tudo, tudo bem".

Pense bem: quantas vezes você respondeu com sinceridade a essa pergunta tão comum? Aliás, de tão habitual no início das conversações, essa questão, que era "Tudo bem com você?", virou "Tudo bem?" – e já se resume a um simples e apressado "Tudo?". Percebo que esse tipo de interação funciona mais como um ritual do que como uma comunicação real, de pessoas mutuamente interessadas. Algumas vezes, inclusive, torcemos para que a pessoa a quem questionamos – "Tudo bem?" – não responda de verdade e prefira a resposta protocolar, impensada – "Sim, tudo", por mais que não esteja.

De uma forma ou de outra, o que falta é a **palavra inteira**, completa. É falar o que de fato se passa, o que queremos, o que não queremos, enfim. Meia palavra não basta. Meias palavras – sentimentos escondidos, interesses não comunicados, mágoas exageradas, expressões oblíquas... Tudo isso somente dificulta as relações. As meias palavras também são comunicadas por meio de caras azedas, trejeitos, birras, mau humor etc.

Sejamos diretos!

Certa vez, convidei-me para sentar à mesa de dois amigos que já estavam almoçando. Depois que acabei meu almoço, um dos amigos pediu se eu poderia deixá-los a sós, pois tinham um assunto particular para conversar. Num primeiro momento, fiquei surpreso com a solicitação. No entanto, aplaudi a atitude do sujeito, que se comportou verdadeiramente como gente grande. Por quê? Porque estava sendo honesto e muito claro comigo e com seus interesses. Não usou meias palavras. E eu não me ofendi; ao contrário, cumprimentei-o pela clareza e elegância de expor o que lhe era melhor naquele momento. Imaginem, se não falasse e eu continuasse sentado, o provável aborrecimento que eu ocasionaria, sem saber, a dois amigos.

Lembro-me também de um recado que deixei para a gerente do meu banco. Passaram-se dias sem que ela me desse retorno. Quando falei com ela sobre o recado, respondeu-me que tentara ligar-me, mas não me achara. Era, evidentemente, uma desculpa esfarrapada. Fui verdadeiro e disse que não tinha gostado dessa solução, que, se ela me deixasse um recado, eu faria muitas tentativas de achá-la. Claro, sempre com muita delicadeza nas palavras, mas sem perder a objetividade.

Outra história de palavras pela metade. Costumo fazer café no meu consultório, e sempre que o faço, ofereço aos meus pacientes. Em uma ocasião, um paciente entrou na sala e sentiu o cheiro do café feito numa sessão anterior. Falou: "Que cheiro bom de café!". Eu percebi suas meias palavras e fiquei calado. Ele trocou de assunto e seguiu com outra conversa. Depois de um tempo, voltei ao café e perguntei a razão da observação a respeito do cheiro. Admitiu, constrangido, que gostaria de tomar um café. Fiz a bebida e aproveitei para falar sobre os riscos de não obtermos o que queremos quando nos escondemos atrás de comunicações incompletas.

Mais uma. Um amigo solteiro se interessou por uma moça e a convidou para jantar. Ela, um pouco assustada com a ousadia do rapaz, perguntou: "Por acaso tu estás com segundas intenções?". Ele teve presença de espírito e disse que, mais do que isso, tinha segundas, terceiras e quartas intenções. Não usou meias palavras, e a relação entre os dois evoluiu, aparentemente já nas quintas intenções! Imaginem se tivesse respondido que não tinha segundas intenções... Ambos perderiam.

Uma fonte inesgotável de casos para ilustrar os malefícios das meias palavras é a relação conjugal. Por exemplo, na questão sexual. A relação sexual fica prejudicada e desagradável quando o homem tem ejaculação precoce. A única possibilidade de esse problema ser resolvido é a companheira falar claramente sobre a dificuldade. O homem tende a negar sua impotência e fingir que está tudo certo com seu desempenho sexual. Caso a parceira não expresse com palavras a sua insatisfação, existe a possibilidade de afastar-se, em decorrência do surgimento de somatizações, como dores vaginais durante o coito, frigidez ou perda de libido. Nesse caso, é o corpo que acaba falando.

Mas por que tendemos a usar meias palavras? Um indício para resolver esse enigma está na infância. As crianças enxergam os pais como seres especiais, dotados de superpoderes, ao ponto de descobrirem o que elas pensam e querem. Gera muita ansiedade, no imaginário infantil, perceber o grau de dependência dos pais e, em consequência disso, a possibilidade de serem abandonadas.

Para combaterem essas fantasias terríveis, desejam ser como os pais, poderosas e controladoras. Dessa forma, usam de artifícios para alcançar seus objetivos e obter benefícios. Então choram, ficam emburradas, não querem comer, sentem medos, dizem que dói aqui e lá etc. Tudo isso é normal, mas indica um pensamento grandioso, quase delirante, decorrente do mundo imaginário infantil. Chamamos esse tipo de pensamento de mágico. A criança imagina que tudo que pensa e quer pode se tornar realidade, mesmo que não fale inteiramente o que pretende. Ela se acostuma a usar as meias palavras, seja verbalmente, seja em atitudes. Falo aqui de crianças que já sabem e poderiam se expressar pela palavra, é claro.

Evidentemente, todas as crianças tendem a usar desses mecanismos, mas nem todas chegarão à vida adulta atrapalhadas, por assim dizer. Cabe aos pais ficarem atentos a esse jogo infantil de tentar levar vantagens e controlar o ambiente. Diante disso, o melhor caminho é sentarem-se com os filhos, conversarem, explicarem e não submeterem-se ao controle das crianças. Claro, sempre com afeto, carinho, atenção, mas firmeza. Nada de ameaças e violência!

O problema da meia palavra é sério quando acontece com os adultos. Tudo bem que a criança use desses mecanismos de achar que vai ser entendida usando de artifícios mágicos, mas no mundo adulto isso é caótico.

Escutamos com frequência coisas como "Eu dei a entender com minha atitude"; "Fechei a cara para ele"; "Mostrei minha brabeza"; "Discordei ficando calada"; "Deixei nas entrelinhas"; "Mandei o recado pelo meu colega"; "Retirei-me do ambiente"; "Não quis mais transar". Essas formas oblíquas de tentar ser entendido não deixam de ser algo infantil, de nos acharmos muito importantes, ao ponto de os outros terem de descobrir o que desejamos, mesmo que não usemos de uma clara linguagem verbal.

Com certeza, não seremos plenamente compreendidos com as meias palavras, porque o outro vai completar o entendimento do jeito que é melhor para ele. Muitas vezes escutamos esta pérola: *"Não falei porque não sabia qual seria a reação dele..."*. Tenha paciência! Como poderemos saber a reação do outro diante de algo que oferecemos por meio da palavra ou de uma atitude!

Não tem como saber – e, além do mais, depois que falamos, o problema não é mais nosso, passa a ser do outro.

    Por que é difícil dizer para alguém que não concordamos ou não gostamos de algo que ele disse ou fez? Por que queremos ser queridos e não causar decepção com quem estamos convivendo? Porém, para que sejamos admirados e entendidos de fato, só temos um caminho: a verdade. E ela é construída apenas com palavras completas.

Amor e sexo

As relações conjugais começam, permanecem e terminam por razões conscientes ou inconscientes. Mas, se quisermos fazer alguma distinção entre tipos de vínculos, a diferenciação mais clara que há é entre relacionamentos baseados exclusivamente em sexo e relacionamentos centrados em admiração, atenção, afeto e amor.

A relação calcada no sexo é muito mais simples, começa de forma mais descomplicada. Porém, sua duração tende a ser curta e o fim, quase que previsível. Usando uma figura de linguagem com o fogo (tão associado à paixão), esse tipo de relação é um fogo que já começa forte, intenso, mas que logo se vai extinguindo. Algo como "fogo de palha".

Já a relação baseada em outros atributos que geram vínculo pode demorar mais a deslanchar, mas tende a permanecer por mais tempo. É uma fogueira que se acende aos poucos, mas que se espalha e tende a manter-se por mais tempo. Observem a relação sexual exercida por meio de pagamento. Costuma funcionar bem para aqueles que buscam satisfazer seus desejos sem nenhum esforço de conquista.

A ligação que se dá pelo sexo é quase objetiva, direta; por vezes, sequer requer troca de palavras. Há troca de olhares, empatias instantâneas, afloramento de desejo e, por fim, a aproximação. Todas as identificações que levam a esse tipo de relacionamento estão ligadas a características naturais e, digamos, materiais das pessoas – o cheiro, o toque, os fluidos, a voz, o corpo.

Entre os adolescentes existe um mecanismo chamado de "ficar". Os "ficantes" se aproximam e, sem muita conversa, passam a trocar beijos e abraços. Normalmente, não passa disso, e pode-se repetir o ritual com outros parceiros na mesma festa. Já a construção de uma parceria amorosa precisa de abstração, de uma capacidade de enxergar além daquilo que os olhos veem.

O arrebatamento sexual depende de momento, daquilo que se vê e se toca naquela hora. Não necessita de elaboração interior. É mais hormonal, impulsivo. É puro tesão. O vínculo amoroso, por sua vez, depende do que se sente intimamente. Surge mais de dentro para fora, na maneira que cada um constrói o outro no seu imaginário, como o outro se encaixa nos desejos de parceria e convívio de quem o quer conquistar. Não requer urgência para consumar a junção carnal.

É por isso, aliás, que eu disse acima que a relação baseada em sexo tende a ter um fim traumático, no sentido de um término abrupto, sem muitas delongas ou explicações. Isso ocorre por uma razão muito simples: o desejo que uniu as partes depende de características e condições da parte de quem deseja e da parte de quem é desejado. Nossas vontades e preferências mudam bastante – e isso influencia quem deseja no sentido de levá-lo a desejar algo (alguém) diferente. Quando o predomínio da parceria é por sexo, mesmo em relações sexuais intensas e cheias de emoções e prazeres, existe a possibilidade de se criar um vazio existencial após o apogeu, o orgasmo. Algo parecido com o vazio que sente o dependente químico quando chega a ressaca, no outro dia, após o uso da droga.

A relação amorosa, contudo, poderá ser um caminho mais seguro – se o que se busca é uma companhia mais intimista, uma união mais duradoura. Contudo, ela é também muito mais complexa e trabalhosa, traz alta carga de responsabilidade e pode afugentar muitas pessoas que não se acham dispostas a gastar toda essa energia com a relação. Em verdade, há quem simplesmente não tenha a capacidade de viver esse tipo de relacionamento e, então, pule de caso sexual em caso sexual.

De fato, não é tão simples assim preencher com harmonia o tempo que se passa junto em uma relação. O sexo realmente é uma boa ocupação. Mas, se tudo o que há é sexo, o que sobra para as horas vagas? É por isso, entre outros motivos, que a relação amorosa é mais difícil. Ela exige maior entrega, mais dedicação, cumplicidade, parceria e intimidade. Só assim será possível passar tempo de qualidade juntos.

Pode parecer besteira para alguns, mas o que percebo é que não é tão incomum assim casais que simplesmente não sabem o que fazer com a companhia um do outro. Os telefones celulares têm preenchido o espaço vazio entre casais pobres em comunicação e cumplicidade. Estão juntos, mas cada um deles fica se relacionando com WhatsApp, Instagram, Facebook, não com o parceiro. Uma rotina agradável a dois é uma verdadeira conquista. Mas apenas isso poderá garantir alguma harmonia no convívio.

Olhem que maravilha este ditado popular: "Os problemas do casal se resolvem na cama". Ora, se isso fosse verdadeiro, reforçaria a ideia de que não é necessário cumplicidade de pensamentos, de palavras e de reflexões para estabilizar e frutificar uma relação. Quando isso acontece, de um casal precisar fazer sexo para ficar de bem, provavelmente o relacionamento já está com os dias contados.

Veja bem: é claro que uma vida sexual satisfatória faz bem e é necessária para qualquer casal; meu ponto é que não deve ser essa a única convergência de quem se relaciona. Se assim for, dificilmente a relação romperá a barreira do efêmero, do vazio e do transitório.

Gostaria de oferecer esta reflexão sobre os vínculos calcados em sexo. Geralmente, o grande aproximador e facilitador dessas relações é o álcool (ou outras drogas). Os entraves, os temores e a timidez caem por terra num piscar de olhos quando substâncias inebriantes entram em cena. Escuto relatos tristes de pessoas que passaram uma noite com alguém e, ao acordar, já sem o efeito das drogas consumidas, pensaram: "O que estou fazendo aqui com esta pessoa?"; "Como faço para me livrar o mais rápido possível dela?"; "Às vezes, nem do nome dela me lembro". Triste. Muito triste!

———∞———

Concluo dizendo que há uma diferença natural na forma de se relacionar entre homens e mulheres. Estas têm uma competência mais desenvolvida para envolver-se emocionalmente; querem mais estabilidade e sabem trabalhar por isso – mas, também, acabam sendo muito exigentes. Já os homens são, em geral, mais impulsivos, intempestivos, e se jogam mais facilmente em relações sexuais. Percebendo isso, muitas mulheres acabam se entregando e usando o corpo e suas possibilidades sexuais como isca, como uma forma de atrair e obter a atenção masculina. Evidentemente, atrairão homens com esse perfil mais empobrecido para se vincular.

Não pretendo aqui criar diretrizes ou entregar um manual que indica qual é a melhor e mais saudável forma de se relacionar. Parto do princípio de que cada um oferece o que pode numa relação. Há quem tenha ojeriza, verdadeiro temor de ficar só, de não ter um convívio, um acasalamento, um casamento – e, dessa forma, corre o risco de se aproximar e buscar cada vez mais aquilo que teme: ficar só. Por quê? Em decorrência dessa ansiedade fóbica de não ter alguém, joga-se sem pensar nas mãos ou no colo do primeiro que passar pela frente. Geralmente, essa parceria fica marcada pela necessidade exagerada do outro, com expectativas exageradas: "Vamos nos ver todos os dias!"; "Por que não respondeu o WhatsApp e meus *e-mails*?"; "Vais sair com teus amigos e não comigo?". O outro passa a ser a fonte de sentido para a vida, a fonte de energia, a fonte de tudo.

Manter uma relação amorosa e afetiva é uma tarefa árdua e exigente. Não é para amadores e deslumbrados. O *corpinho sarado e tesudo* poderá ser um bom atrativo, mas terá alcance limitado, pois existirão outros *corpinhos* logo ali na frente. É claro que ter um sexo gostoso é um estímulo à força do vínculo, mas, mesmo quando possa haver dificuldades sexuais, o casal dará conta disso.

Para que as relações amorosas possam ser mais consistentes e prazerosas, é fundamental que haja o ingrediente da individualidade na relação. A vontade e o desejo do indivíduo devem prevalecer sobre o ritual social que lhe faz exigências de conduta.

Depressão – o mal do século

Depressão é uma doença recorrente e relevante em nossa sociedade. Estamos cada vez mais deprimidos. Pesquisas médicas sinalizam que 15% da população terá ao menos uma crise depressiva no curso da vida. A Organização Mundial da Saúde relata que, após 2025, a depressão será a segunda doença mais frequente, ficando atrás somente das doenças cardiovasculares. As mulheres apresentam três vezes mais depressão do que os homens.

Ao mesmo tempo em que sua ocorrência cresce, seu diagnóstico permanece complicado. Para diagnosticar doenças mentais como a depressão, os exames tradicionais solicitados pelos médicos (de sangue, tomografia, ressonância magnética cerebral, eletroencefalograma etc.) não são eficazes. Desordens emocionais e mentais não aparecem em exames. Há, portanto, uma enorme dependência da capacitação, da experiência, da preparação, da sensibilidade e da percepção do psiquiatra para se chegar a um diagnóstico adequado. A entrevista com o paciente e com os familiares é a ferramenta utilizada para fazer o diagnóstico.

Os profissionais da psiquiatria e da psicologia percebem a presença de depressão oculta naqueles pacientes que apresentam queixas crônicas e que costumam não melhorar com os tratamentos médicos. Pessoas com enxaquecas, dores musculares, dores lombares crônicas, poliqueixosas ou hipocondríacas (aquelas que passam consultando médicos sem parar) podem mascarar uma depressão atrás de doenças físicas.

As depressões fazem parte de um grupo de doenças psiquiátricas chamadas de **transtornos do humor**. Um tipo específico e bastante conhecido é o transtorno bipolar. É o caso em que a pessoa poderá ter depressão ou mania.

Chamamos de mania quando o humor oscila para cima; de depressão, quando oscila para baixo. *Mania*, para os psiquiatras, significa o seguinte: o paciente oscila seu humor, resultando em energia exagerada, agitação física, pensamento e fala muito rápidos; autoriza-se a fazer coisas extravagantes, como gastar demais, beber demais, transar demais, dormir pouco, comer pouco. Esse paciente não se percebe doente; logo, é a família que precisa tomar uma atitude. Se a agitação e as ações trazem exposição temerária, a internação hospitalar compulsória pode ser indicada. Já no transtorno bipolar, quando o paciente está deprimido, o tratamento é facilitado, pois a pessoa percebe que está doente e aceita ajuda.

Existem pessoas que passam a vida um tanto quanto para baixo, sem muita energia, ânimo ou prazer diante dos fatos do cotidiano. Fazem suas tarefas, cumprem com suas obrigações, mas sempre lhes falta algo mais. É como se carregassem um fardo, um peso nas costas. Se a pessoa é religiosa, corre o risco de achar que está pagando por algum pecado em vida, para depois, no céu, ter sua recompensa. Na verdade, podemos estar diante de um tipo de depressão crônica, chamada de distimia – e que é tratável com medicamentos e psicoterapia.

Outros fatores externos desencadeiam depressão. O álcool é um dos maiores indutores de depressão, pois é muito consumido, estimulado e consentido em nossa sociedade. O álcool é uma substância que nos oferece alternativas de uma vida mais alegre, com menos inibição e com sensação de bem-estar. Sempre que se bebe, os primeiros momentos são de alívio das angústias e das tristezas. É claro que isso é uma armadilha, pois o uso continuado pode gerar dependência e doença mental. Lembrando que maconha, cocaína, *crack* e substâncias psicoativas (como *ecstasy*) também levam à depressão e a outras doenças mentais, como psicoses.

Doenças crônicas como artrites, diabetes, insuficiência renal, mal de Parkinson, diverticulites, hepatites, obesidade mórbida, acidente vascular cerebral ou derrame e infarto do miocárdio, entre outras, também são doenças físicas que podem levar os pacientes a apresentarem depressão.

Nas crianças, a desordem pode revelar-se por meio de perda de vontade de brincar, medo de ficar longe dos pais, falta de vontade de ir para a escola, dificuldade para ficar na própria cama e dormir, dores no corpo e na cabeça, perda do controle urinário à noite e perda do apetite. Já nos adolescentes, a depressão pode aparecer em forma de isolamento, irritabilidade, falta de cuidados com higiene, dificuldades escolares, diminuição ou aumento do peso, uso de álcool ou drogas e afastamento das atividades sociais.

Por fim, nos idosos, a ocorrência de depressão aumenta em função da maior incidência de doenças físicas, de efeitos colaterais decorrentes do uso de muitas medicações, de perdas de entes queridos e amigos, do aumento das dificuldades econômicas, da sensibilidade em função de conflitos familiares, do isolamento social e da presença de sintomas demenciais.

Existe ainda um tipo especial de depressão, que é a depressão puerperal, ou pós-parto. Ela pode se apresentar de três maneiras diferentes. A primeira é uma depressão leve e passageira, chamada de *blues* (gíria da língua inglesa para "depressão", "tristeza", "estar para baixo"); ocorre em 60% das mulheres na primeira gestação. Os sintomas depressivos costumam aparecer logo após o parto ou, no máximo, dentro dos primeiros 15 dias. É uma tristeza momentânea, que melhora sem tratamento, só com o amparo familiar.

Já no segundo tipo de depressão pós-parto, os sintomas começam após quinze dias do parto e são mais fortes, deixando a mulher sem ânimo e sem vontade de cuidar do bebê. Fica chorosa, irritada, com temor de ficar com a criança no colo e machucá-la; perde o sono, não quer dar de mamar nem higienizar o pequeno. Nesse caso, abordagens psicoterápicas são necessárias. Também existe a possibilidade de tomar antidepressivos.

No terceiro e mais grave tipo de depressão puerperal, a mãe tem sintomas depressivos graves: pode escutar vozes e até mesmo enxergar a criança de uma forma distorcida. Geralmente, são pacientes que já tinham problemas mentais antes de engravidar. Nesses casos, deve-se afastar a criança da mãe e usar medicamentos. Felizmente, essa situação não é muito frequente.

Quero dar ênfase a uma depressão intimamente ligada às experiências existenciais da pessoa, à sua história, aos seus traumas, aos seus fantasmas.

Trata-se de uma desordem causada ou impulsionada por conflitos, perdas, separações e lutos. Dificilmente alguém já não passou por traumas no decorrer da vida. Infância sofrida, pais severos, conflitos conjugais, filhos agressivos e desinteressados, perda de entes queridos...

Para algumas pessoas, traumas vitais ou existenciais podem ser significativos, ao ponto de gerarem um estado depressivo. O perigo nesse caso é que a depressão sirva como um álibi para justificar e perpetuar o pouco investimento que a pessoa passa a fazer diante das demandas da vida. Esses pacientes tendem a explicar seus sofrimentos e debitá-los nas experiências negativas do passado. A coisa vira um círculo vicioso. *"Sou deprimido porque sofri no passado e agora não cuido da minha vida porque sou deprimido."* Torna-se uma "bola de neve". Parece que é uma depressão "protetora", no sentido de que a pessoa não se responsabiliza por cuidados consigo mesma porque a vida supostamente lhe foi má.

A esses quadros depressivos, erigidos sobre uma base conflitiva emocional, as psicoterapias são fundamentais, para que o paciente possa entender seus traumas e resolvê-los. O uso de antidepressivo também pode ser indicado, mas investir somente na medicação pode não trazer bons resultados.

Percebam como é importante o diagnóstico da depressão. Muitas pessoas não são adequadamente diagnosticadas, mesmo passando por consultórios de psiquiatras, psicólogos, clínicos, ginecologistas, neurologistas e outros especialistas. Cabe também aos familiares ficarem atentos às pessoas próximas e que mudam seu estilo de vida, tendendo ao desânimo, à apatia, à tristeza, à irritabilidade e à insônia.

A depressão não tratada ou tratada sem a remissão total dos sintomas trará prejuízos importantes para o paciente, pois sua qualidade de vida será péssima. Evidentemente, as limitações também aparecerão no desempenho laboral, devido ao frequente afastamento do trabalho e busca de benefícios assistenciais. Ou seja, as contas públicas também são afetadas pela doença depressiva.

A repercussão mais séria na vida do depressivo é o risco de suicídio. Adolescentes e idosos são os mais suscetíveis a essa reação extrema. Já na comparação geral entre homens e mulheres, embora o índice de depressão seja muito mais elevado entre elas, são eles que mais se suicidam.

Diante do temor que os familiares têm de que o paciente possa se matar, é fundamental que se fale sobre o tema suicídio. Existe um medo, um receio entre as pessoas em geral, que as faz não falar sobre o suicídio com alguém deprimido. Entende-se que essa conversa poderia levar o doente justamente a querer se matar. Isso é uma grande bobagem. Ao contrário, é fundamental que se fale sobre esse problema.

Se você tiver alguém próximo, que dá sinais que o fazem suspeitar que haja alguma fagulha de suicídio, aja imediatamente, converse, coloque-se à disposição. Faça-o de forma bem simples, direta, mais ou menos assim: *"Quero falar com você sobre uma preocupação que está na minha cabeça. Imagino que você possa querer acabar com sua vida. Faz sentido essa minha preocupação?"*.

Se o deprimido responder afirmativamente, siga falando sobre a razão de ele querer se matar. Diga que a depressão passará, que seu sofrimento é temporário, ao contrário da morte, que é para sempre ou definitiva. Coloque-se à disposição; diga que, se as ideias ruins voltarem, procure sua ajuda. Se o risco de suicídio é intenso, devemos pensar em internação psiquiátrica. Por fim, sempre é bom não deixar arma de fogo com alguém deprimido.

É oportuno lembrar que o tratamento que oferece melhores e mais rápidos resultados para um depressivo com risco de suicídio é o eletrochoque ou a eletroconvulsoterapia. Não se assustem com o termo. Existem preconceitos com esse tratamento; alguns desinformados o associam com algo medieval. É usado em casos extremos de risco de suicídio, feito em hospital com a ajuda de um anestesista, ou seja, o paciente não sente nada. Uma ou duas aplicações podem tirar o paciente do risco. Quando se prescrevem antidepressivos, para surtirem efeitos positivos, pode-se esperar de vinte a trinta dias. Nesse período, o risco de suicídio continua presente.

Como se vê, o mal do século é perigosíssimo, recorrente e multifacetado. Estejamos sempre atentos – em relação a nós mesmos e a quem nos cerca.

Os caminhos do adoecimento emocional

Independentemente de cultura, escolaridade, nível social, crenças e outras características, as pessoas em geral têm pouco conhecimento, pouca intimidade com o que ocorre nas entranhas de sua vida emocional ou do seu inconsciente. E as consequências disso costumam ser imperceptíveis. Enquanto as doenças do corpo, mesmo aquelas mais sorrateiras e silenciosas, podem ser detectadas por meio de exames, os problemas emocionais, por sua vez, geram reações que podem ser confundidas com alguma enfermidade física, ou que podem até ser ignoradas por muito tempo. Esse desconhecimento, cedo ou tarde, poderá cobrar seu preço, apresentar a conta, por meio de limitações e prejuízos decorrentes de sintomas psiquiátricos.

Sintomas como abatimento, tristeza, desânimo, falta de energia ou crises de choro estão relacionados à depressão. Palpitação, sudorese, falta de ar, tonturas, medos, insônia estão vinculados à ansiedade. Esses sintomas podem ter origem em problemas bioquímicos, cerebrais ou decorrentes da vida, sendo existenciais, ou psicológicos.

Para fins didáticos, faço uma divisão entre os problemas biológicos e os emocionais (ou existenciais). Falo, primeiramente, dos sofrimentos psiquiátricos de origem biológica, relacionados à história familiar de doenças, deficiências de neurotransmissores e questões genéticas. Quem carrega essas predisposições, digamos naturais, pode adoecer – independentemente de sua vida ser boa ou ruim. São pacientes para quem o uso da medicação é indispensável.

Nesse texto, contudo, dou ênfase a outro grupo, o de pessoas que apresentam adoecimento mental ligado a conflitos do dia a dia, a questões mal resolvidas, que geram padecimentos. É indispensável, portanto, que falemos sobre os caminhos para o adoecimento emocional, sobre essa estrada que nós mesmos pavimentamos e que nos leva diretamente ao sofrimento.

É difícil quantificar, mas percebo, a partir da minha experiência, que muitos dos problemas psiquiátricos se originam nas "armadilhas emocionais" que as pessoas vão desenvolvendo pela vida afora. Como disse, há sofrimentos psíquicos inevitáveis, resultados de predisposições genéticas. Mas, em geral, os problemas são erigidos por nós mesmos. Seguem exemplos dessas armadilhas.

Uma senhora vem se dedicando constantemente a uma amiga mais velha, ao ponto de, para fazer-lhe companhia, abrir mão de sair para veranear e passear com seus parentes. A pessoa a quem ela dedica cuidados intensos é exigente e sempre cobra mais cuidados. A cuidadora voluntária sugere que a amiga adoentada vá para a casa de um parente para ser mais bem atendida, mas sua sugestão não é aceita. A cuidadora, então, passa a apresentar problemas como perda de sono, ansiedade e depressão.

Claramente, essa foi a saída inconsciente que encontrou para permitir-se afastar-se da amiga castradora e exigente. Seu adoecimento emocional acabou sendo um *mal necessário*, um álibi construído. Nesse caso, a psicoterapia é importante para ajudar a esclarecer as razões inconscientes do adoecimento. Nesse caso do nosso exemplo, os remédios trariam poucos benefícios. O importante é entender os conflitos subjacentes que conduziram a esse caminho.

Como se vê, os problemas emocionais da imensa maioria das pessoas são, na verdade, decisões inconscientes que conduziram a estradas tortuosas e pedregosas. Suas relações, suas exposições de sentimentos, suas trocas de experiências, enfim, muito do que fizeram, constituem o pavimento que acaba por desembocar na situação de sofrimento.

Um rapaz de origem humilde faria sua primeira viagem ao exterior com a namorada. Os pais ficaram indignados e mostraram seu aborrecimento por não serem convidados para a viagem. O filho ficou muito nervoso com o conflito criado. Subitamente, começou a sentir nervosismo, aperto no peito, o coração disparando, medo de morrer e outros sintomas ligados à síndrome do pânico. Consequentemente, o jovem acabou perdendo a coragem de viajar e cancelou o passeio.

Perceba a presença de um adoecimento mental como fator decisório. O filho entrou em pânico e logo já não conseguia mais tomar decisões nem viajar. Não precisou contrariar os pais. É claro que o doente aqui acaba punindo sobretudo a si mesmo, abrindo mão, inconscientemente, da sua viagem. Não foi ele de fato quem decidiu não viajar, mas foram os sintomas de ansiedade que decidiram por ele.

Quando o corpo está doente, há basicamente dois sintomas que nos ajudam a identificar a situação e buscar ajuda: a dor e a febre. Quando o adoecimento é na mente, são emitidos, igualmente, distintos sinais, em dois grupos de sintomas: os ligados à depressão e os ligados à ansiedade.

Tanto os sintomas de origem física quanto os mentais são bem-vindos. Percebam que sentir-se mal, estar abatido ou angustiado pode ser bom, desde que a pessoa busque ajuda. Uma alternativa inadequada é combater o sofrimento por meio do uso de álcool, maconha, drogas sintéticas, cocaína ou tranquilizantes (tipo faixa preta). É chegada, pois, a hora de sair da estrada errática e buscar outra, que levará a um caminho menos sofrido.

Diante desses sofrimentos de origem emocional, o melhor caminho para resolver o problema é a psicoterapia. É fundamental, para o sucesso desse método, que se tenha empatia com o terapeuta.

É bastante visível o estrago que os conflitos emocionais causam nos mais distintos âmbitos. Um exemplo é a vida sexual. Raramente as causas das dificuldades de ereção ou orgasmo são de origem física ou hormonal. O grosso dos problemas é originário do emocional. Logo, tomar Viagra pode gerar resultados muito limitados.

A metáfora com a estrada é amplamente válida aqui. Imagine um automóvel sendo conduzido por uma estrada escura, esburacada, com perigos vários.

Inevitavelmente, o veículo sofrerá avarias. Pode-se proceder com consertos, como a troca de um pneu furado, mas a estrada continuará sendo inóspita, e, cedo ou tarde, novas avarias ocorrerão. É assim com os problemas emocionais ou psíquicos. O sujeito que trilha caminhos equivocados pode, sim, recorrer a medicamentos que aliviarão suas dores por algum período, mas o fundo de seu padecimento seguirá intacto e, a qualquer momento, fará brotar novos adoecimentos, ou recrudescerão aqueles que já pareciam superados. O que atrapalha o motorista aqui é o fato de que sozinho ele não consegue perceber que precisa mudar de rota. Refiro-me aqui à necessidade da ajuda de um psicoterapeuta.

É importante reafirmar que a psiquiatria conta hoje com um arsenal de medicamentos realmente importantes e úteis. Digo isso para não acharem que dou mais importância para as psicoterapias em detrimento do uso de medicação. Os medicamentos para algumas doenças psiquiátricas são fundamentais, evitando recaídas e internações psiquiátricas.

O gatilho que dispara
a síndrome do pânico

Hoje é muito conhecido um transtorno psiquiátrico chamado de *síndrome do pânico*. O nome advém do deus Pan, da mitologia grega. Ele tem orelhas, chifres e pernas de bode; mas o resto do corpo é humano. Pan costumava assustar as pessoas, principalmente aquelas que andavam à noite pelos bosques. Com a presença da entidade, as vítimas se quedavam ansiosas, como quando se leva um grande susto. Em homenagem a esse personagem da mitologia, deu-se o nome da síndrome do pânico.

A ansiedade é o grande vilão dessa patologia, sendo a pessoa acometida subitamente por sintomas físicos e psicológicos provenientes dessa ansiedade. Temor de desmaio, fraqueza, tontura, sensação de que a cabeça está inchada, coração disparado, peito apertado, sudorese, dificuldade para respirar. Os pacientes referem um temor de enlouquecer e de morte iminente. Difícil, para alguém que nunca passou por algo assim, entender o que acontece.

Diante dessa crise, o paciente sai em disparada para o serviço médico de emergência mais próximo. Lá é examinado e mandado para casa, depois de uma avaliação ampla. Recebe um tranquilizante e se acalma. Geralmente, nada de anormal, do ponto de vista físico e cardiológico, é percebido pelos médicos.

Esse paciente, num primeiro momento, não concorda que a base de seu problema possa ser de origem psiquiátrica ou psicológica. Continua pensando que é um problema cardíaco e que morrerá subitamente. Diante de outras crises, refaz a mesma trajetória. Nos hospitais, é orientado a procurar um psiquiatra, mas reluta, pois existe muito preconceito com a ideia de sofrer de um problema mental.

Não buscando ajuda especializada, corre, então, o risco de ter um segundo problema. Pode desenvolver medos ou fobias, passando a evitar os lugares onde teve as crises de ansiedade, acarretando um cerceamento dos espaços por onde circulava. As fobias geram medos e ansiedades antecipatórias, ou seja, só de pensar em estar em determinado lugar, a pessoa começa a ficar nervosa. O temor pode ir aumentando, ao ponto de a pessoa precisar de acompanhamento mesmo dentro de sua casa, pois teme sofrer um ataque sozinha e acabar morrendo. Ruinzinha essa doença!

Quando finalmente o sujeito concebe consultar-se com um psiquiatra, geralmente vai a contragosto. Espera sempre por um remédio mágico, que resolva tudo rapidamente. O objetivo deste artigo é apresentar a você, leitor, um mundo obscuro e secreto, para que seja possível entender melhor os labirintos da síndrome do pânico.

Ilustrarei com a história de uma jovem inteligentíssima, com formação acadêmica superior e com grande potencial de sucesso diante das demandas da vida. Após terminar sua formação universitária, com mestrado e doutorado, passou em um concurso público e acabou mudando de estado para desempenhar seu trabalho como professora universitária. Relatou-me experiências que eram típicas de síndrome do pânico, inclusive buscando por hospitais e submetendo-se a exames que nada detectaram. Foi medicada, e as crises ficaram menos intensas, embora seguissem presentes.

Eu estava muito curioso para saber em que circunstâncias ocorrera sua primeira crise. Ela se recordou de que o primeiro episódio de pânico se dera logo após mudar de cidade, quando da visita de seus pais. Seria a primeira vez que os receberia em sua nova casa. Sua mãe era uma mulher muito exigente e autoritária, que se portava como se fosse a única que sabe o jeito certo de fazer tudo. "Metida" e "opiniática" – assim a jovem descreveu sua genitora. A mãe não se realizou profissionalmente, mas se colocava na vida da família como se soubesse os melhores caminhos a serem seguidos. Era claro que a filha tinha capacidade e competência diante das demandas da vida, mas a mãe não pensava assim. Sempre criticava as atitudes da filha. O pai também foi bem-sucedido profissionalmente, mas a mãe com frequência o desqualificava.

Ao receber os pais em sua nova morada, a moça se preocupou com oferecer o seu melhor. Arrumou a casa, o quarto em que ficariam, organizou programas, visitas pela cidade, restaurantes, encontros com amigos etc. A despeito de ser extremamente competente em suas atividades, do ponto de vista emocional, se sentia frágil, pois precisava da confirmação da mãe para efetivamente se reconhecer capaz. Numa noite, surgiu uma situação em que a mãe a desqualificou em frente ao pai e ao esposo. Naquela madrugada, a paciente acordou com a sensação de pânico, mobilizou toda a família e foi parar no hospital para ser atendida. A segunda crise ocorreu seis meses depois, dias antes de seus pais visitarem-na na Europa, onde estava estudando.

Entendo que essa situação de necessitar a concordância da mãe sobre seu desempenho deixava essa moça despotencializada diante da vida. Ou seja, a mãe era fiadora de sua competência, mas ela não oferecia palavras que confortassem a filha. Penso que as crises de pânico tinham um sentido protetor!

"*Como uma doença psíquica pode ser protetora?*" é a pergunta óbvia e automática que vem à cabeça do leitor. Explico. É algo protetor em relação à grande irritação que ocorria e que temia externar, colocar para fora e atacar a mãe com a raiva contida, podendo chegar a consequências sérias. Dessa forma, a crise de pânico lhe tirava as forças, e ela ficava fragilizada ao ponto de precisar da ajuda dos outros.

Pode-se afirmar que essas crises da moça impediam algo pior. Para o imaginário da dupla mãe e filha, é como se fosse uma confirmação da incompetência da filha, impulsionando a mãe a se meter cada vez mais na vida da jovem. E esta respondia ficando *doentinha*. A jovem seguia tomando medicação. A melhora ocorreu quando começou a perceber os conflitos inconscientes que levavam aos sintomas. A psicoterapia traz à consciência os sentimentos que estão nos escombros da mente e causam estragos.

Percebam que, se esse adoecimento fosse meramente físico-químico, ele surgiria aleatoriamente – não em situações de fortes emoções represadas. Suas ocorrências se dariam em situações e contextos os mais diversos. O caso que uso como exemplo revela algo inverso à origem química. Não é um sofrimento que aparece ao acaso: temos um padrão, com quadros de síndrome do pânico sendo causados sempre pelos mesmos motivos. Ou seja, emoção pura! Os fatores desencadeantes vêm de fora, funcionam como um gatilho que dispara um projétil que atinge a mente do paciente, acarretando os sintomas. Os remédios sozinhos não impedem esse ciclo.

Lembrei-me de outra situação que ocorreu num voo que eu fazia da França para o Brasil. Conversava com um passageiro ao meu lado; quando descobriu que eu era psiquiatra, disse-me que estava preocupado com um grande amigo.

Esse amigo não desejava mais trabalhar como empregado, queria abrir seu próprio negócio, mas sua esposa não aceitava. O amigo, a contragosto, acatou a vontade da esposa. O que ocorreu na sequência?

A reação do amigo diante da imposição da esposa foi rebelar-se internamente. Como? Apresentando crises de pânico ao chegar ao trabalho. Dessa forma, tinha o "álibi inconsciente" de não ficar no local em que, afinal de contas, não queria estar. Segundo o relato desse companheiro de voo, seu amigo havia tomado vários remédios, mas sem êxito. Depois de um tempo, tomei a liberdade de dizer: "Acho que seu amigo não vai melhorar tomando remédios. Ele precisa, primeiro, resolver o conflito com a esposa, a quem se submete".

Talvez o rapaz temesse assumir seu desejo, correndo o risco de perder o amor e até a companhia da esposa. Bem, chegamos ao Brasil, e não sei se ele levou essas minhas considerações a seu aflito amigo...

Porventura, existem bons medicamentos para essa doença; remédios que diminuem a ansiedade e possibilitam uma vida menos sofrida. Os psiquiatras aprendem primeiro a usar esse recurso em suas formações, porque é o mais fácil de ser ensinado.

Desenvolver a arte de trabalhar em psicoterapia e psicanálise é o trabalho mais difícil da formação desses profissionais. Muitos dos sofrimentos psiquiátricos são desencadeados por conflitos emocionais ou psicológicos, ou seja, são eles os responsáveis pelo adoecimento. Nesses casos, as psicoterapias como forma de ajuda são fundamentais. As estatísticas médicas confirmam que uso de medicação e psicoterapia trazem os melhores resultados.

Líder ou chefe?

Este tema é complexo e difícil. Como alguém poderá saber como se molda um bom líder? Digo desse jeito porque, efetivamente, é mais complexo e trabalhoso ser líder do que deter um cargo ou função de diretor, CEO, gerente ou chefe.

O chefe exerce um poder recebido e fia-se exclusivamente nisso, comandando por meio de pressões, do poder que exerce, utilizando ameaças claras ou veladas, imposição e constrangimento. Tudo em nome de alcançar os objetivos da empresa. Numa tribo, o chefe geralmente é o mais forte, o que impõe mais medo ao grupo; é o mais truculento e castiga fisicamente, se necessário.

Quando escutamos uma notícia na TV em relação a facções criminosas, fala-se no chefe da facção, o cara poderoso. Logo, a palavra chefe sugere um sujeito que manda, e não alguém que busca seus alvos usando de outras habilidades para chegar a seus objetivos. A palavra **chefe** se origina do francês "*chieef*" e do latim "*caput*", que significa "cabeça", aquele que está acima e à frente de tudo. Mas não precisamos levar ao pé da letra o sentido dessa palavra.

De uma forma ou de outra, em algum momento da vida, cada um de nós precisa tomar decisões e conduzir pessoas. Comecemos pelo exemplo mais corriqueiro: o papel de pai ou mãe. Aqui já se perceberá a diferença entre um líder e um chefe.

Pais que escutam os filhos, mesmo os pequenos, que conversam antes de tomar uma decisão, que não usam de sua força econômica para oprimir, enfim, pais menos mandões e abusivos, estão mais alinhados com os líderes.

Já os pais despóticos se colocam assim: "Quem manda aqui sou eu!"; "Manda quem pode, obedece quem precisa"; "Eu pago as contas, por isso, decido"; "Os incomodados que se retirem"; "Sou o cabeça da família". O que esperar desse perfil de pai ou mãe dentro de uma organização? Provavelmente, esse aspecto que aparece dentro de casa será parecido com o desempenho dentro de uma empresa.

Outro exemplo: o papel de professor. Às vezes, os mestres não estão preparados para a função e se escondem atrás de uma postura arrogante, compatível com a dos chefes, para não serem cobrados pelos alunos. Pobres estudantes, terão prejuízos para o resto de suas vidas. A ignorância, o pouco saber, a fragilidade, tudo isso estimula o dito papel de chefe, pois ele tentará proteger suas fragilidades usando esse escudo do poderoso. Dessa forma, mantém o aluno distante, sem espaço para pressões.

Bem, precisamos de pessoas assumindo tarefas diretivas, exercendo algum tipo de comando, tomando decisões em relação a estratégias da empresa e sobre a vida dos colaboradores. Falo de CEOs, diretores, supervisores, coordenadores, gerentes, enfim, daqueles que coordenam pessoas em ambientes corporativos. É quem toma decisões, determina ações, traça estratégias, busca desempenho. Diferentemente das relações entre amigos e familiares, aqui não há a empatia natural de uma ligação por afinidades, o que pode facilitar a tarefa.

No mundo do trabalho, o chefe tem de estar sempre provando que merece ocupar tal posição. E essa prova intermitente deve ser oferecida para quem está acima, para os diretores, para que o mantenham no cargo e o creditem perante os demais. E deve ser dada também a quem está abaixo, aos subordinados, para que produzam e ajudem o dirigente a atingir os objetivos esperados pela corporação.

Caso os funcionários percebam que estão tendo de obedecer a alguém e seguir essa pessoa incapaz de liderar, o projeto organizacional estará comprometido. E essa possível incapacidade geralmente não está somente ligada à deficiência profissional, ou seja, à falta de conhecimento técnico de quem toma as decisões. O maior entrave que impede a boa condução de um grupo reside na limitação do coordenador de perceber aspectos mais subjetivos ou emocionais, seus e do grupo. O chefe não quer saber de ouvir o outro – determina e pronto. E aqui paira uma grande diferença entre esses dois tipos de gestores: a capacidade verdadeira de ouvir antes de decidir.

A verdadeira liderança se exerce por meio de postura e atitudes diretas. Conversa franca, sem meias palavras, com clareza em mostrar agrados e desagrados, poder ouvir as contrariedades dos pares e subalternos, exercendo uma autoridade concedida pelos outros, e não um poder imposto.

O líder coloca-se como mais um membro da equipe, mas sem deixar de compartilhar das responsabilidades, dos deveres e, sobretudo, dos êxitos. Sabe dialogar e ouvir, leva em consideração o que os demais têm a dizer a respeito dos projetos, dos objetivos, dos relacionamentos, enfim, de tudo que diz respeito ao trabalho em que estão envolvidos.

Um líder competente faz mais perguntas para chegar ao ponto que deseja, deixando de lado confrontações, inquisições, falações, fofocas, ameaças ou ilações. Vocês já se deram conta disto, de que, com bons questionamentos, nosso interlocutor vai mostrando, passo a passo, o que pensa, como age, dando-nos o caminho que devemos seguir?

Aliás, o líder vai além da relação profissional e demonstra interesse real na vida de seus subordinados. Nada mais sensato; afinal, uma equipe de trabalho passa mais tempo reunida do que uma família costuma passar. Conhecer verdadeiramente os funcionários é mais importante do que se pode imaginar, porque aí é possível saber como lidar com eles, pois se sabe que tipo de expectativas se pode criar, como ajudá-los e ser ajudado, enfim. Com o estreitamento dos laços, as relações ficam mais claras, as pessoas se tornam mais confiáveis e todos passam melhor suas horas laborais. Perceber que um colaborador não está bem emocionalmente, autorizar-se a falar com ele sobre essa percepção e colocar-se à disposição para conversar gerará muita confiança.

Além disso, é fundamental ao líder buscar saber o que a equipe pensa dele. Evidentemente, não é a coisa mais natural do mundo que um funcionário diga abertamente a seu diretor ou gerente o que pensa a seu respeito. Antes, é preciso haver uma construção, uma demonstração de abertura genuína por parte do líder, inspirando confiança e mostrando que saberá ouvir reclamações ou críticas.

Como não é fácil falar diretamente o que se pensa de um coordenador, seria interessante disponibilizar urnas para que os funcionários depositassem seus pareceres, sem a obrigação de assinar. Dessa forma, abre-se um caminho para que o gestor saiba o que pensam a seu respeito.

Com ações como essas, todos sairão ganhando. É justo que as empresas queiram os melhores resultados. Talvez, valendo-se de chefes impositivos e autoritários, atinjam seus objetivos por um curto período de tempo. Contudo, alocando verdadeiros líderes para comandar seus funcionários, a organização colherá frutos perenes e deixará não apenas seus clientes satisfeitos, mas também seus funcionários.

Recentemente, estive em São Luís do Maranhão. Na beira da piscina do hotel, vi que o garçom trajava camisa preta de manga comprida, calça preta e sapato social. O sujeito transpirava em demasia e parecia muito contrariado pelas condições de trabalho. Não é preciso pensar muito, não é necessário ter MBA em administração de pessoal ou especialização em *design* de moda para saber que uma roupa fechada e quente não deve ser o uniforme de quem serve pessoas sob o sol, em temperaturas sempre acima dos 30 graus. Como sou observador e gosto de dividir minhas ideias, falei com a gerência desse hotel sobre minha percepção. Notei que estava diante de um chefe, não de um líder, pois me deu umas explicações burocráticas, indicando que não se preocupava muito com os garçons.

Oferecer boas condições de trabalho à equipe é o papel primordial de um bom líder. E tratar bem os funcionários é uma obrigação moral das empresas que, se não cumprida, além da falta de humanidade, ainda manifestará falta de inteligência (se considerarmos os prejuízos, mesmo involuntários, que funcionários insatisfeitos podem causar). É observando a maneira de relacionar-se com os seus colaboradores que poderemos perceber quem é quem no mundo coorporativo.

É interessante observar como são criadas as metas de produtividade nas empresas. As pessoas sempre darão algumas respostas positivas às ditas metas, mesmo que não tenham sido discutidas com os funcionários. Mas, em longo prazo, sucumbirão à exaustão, pois a meta foi criada na cabeça do chefe, sem nenhuma cumplicidade com os que a buscarão.

O líder não cria distanciamento entre seus comandados. Embora esteja num papel superior, relaciona-se de igual para igual, mesmo com funcionários de hierarquias inferiores. Não precisa de barreiras, tem contato com todos – e sem precisar fazer-se de *amiguinho* do pessoal.

A personalidade dos que dirigem faz toda a diferença. O sujeito obsessivo tranca tudo, perde-se em detalhes e picuinhas. O apático e triste, com características depressivas, não terá energia para investir nos projetos e nas relações. O *impulsivo* é mandão, controlador, irrita-se por qualquer contrariedade, podendo botar tudo a perder. O *fóbico* teme correr riscos, acha que tudo pode dar errado, tem dificuldade para aproximar-se das pessoas, podendo ficar ansioso. O paranoico, devido à desconfiança em relação a tudo e a todos, não se permite proximidade e cumplicidade com o grupo. O *dependente* não se compromete com seus projetos porque precisa que todos concordem com ele.

Para finalizar, precisamos de competência técnica, conhecimento, destreza e estudos para galgarmos posições dentro das organizações. Entretanto, somente conseguiremos chegar a patamares mais elevados e lá nos mantermos se tivermos saúde mental. Assim, ser líder ou chefe é algo que passa pela capacidade de poder lidar bem com suas próprias emoções, de poder entender um pouco das emoções dos colaboradores e, se possível, saber manejá-las. O chefe não terá essas competências, esses *feelings*, diferentemente do líder.

O bom desta conversa toda é que as nossas características e maneiras de nos relacionarmos são mutáveis. Precisamos acreditar nisso e mudar o que for necessário.

Poder, potência
e a roda da fortuna

Há uma figura de linguagem medieval, conhecida por roda da fortuna. Trata-se de uma representação dos diferentes estágios pelos quais passamos na vida. "Fortuna", no caso, é o destino, a sorte. Ora a roda está em cima, ora está embaixo. A cantata "Carmina Burana" representa bem essa figura. Seu primeiro movimento, mundialmente conhecido – o Fortuna, Imperatrix Mundi –, é bem explícito em narrar como a vida humana é uma sucessão de gozos e misérias, alegrias e tristezas. Sua primeira estrofe, traduzida livremente do latim, diz assim:

"Ó, sorte, / és como a Lua / mutável, / sempre cresces, / ou diminuis; / a detestável vida / ora oprime / e ora alivia, / a mente só por diversão. / Pobreza, / poder, / dissolvem como gelo."

Quem não quer visibilidade? Quem não quer ser reconhecido, valorizado, ter dinheiro, amigos importantes e ser honrado? Todos queremos. Todos nós queremos que as pessoas admitam que somos bons naquilo que fazemos, que o contexto social nos dê o valor que julgamos merecer. Isso é natural, faz parte da nossa essência. Tendemos a investir em valores concretos, externos, que em nossa cultura são muito apreciados. Entretanto, existe uma outra possibilidade de investimento: em valores pessoais, internos, subjetivos, que não são muito admirados e cobiçados. Diante dessa dualidade, desejo introduzir a visão de poder e potência.

O **poder** seria formado por elementos alheios a nós, externos, que podem nos pertencer, mas de forma transitória, passageira. O emprego que você tem, o salário que ganha, as relações sociais centradas em interesses, os bens que possui, as viagens que faz, a bela mulher que exibe, seu corpo musculoso e "sarado". Enfim, tudo isso são situações que podemos ou não viver, mas que são exteriores, conferindo-nos poder, *status*, notoriedade. Aplausos públicos, aparecimento em programas de rádio e televisão, um cargo político... Condições de que todos nós gostamos e as quais almejamos. E que, quando conquistamos, sentimos enorme satisfação.

Porém, é preciso sempre ter em mente que estamos falando de situações passageiras. Costumamos nos esquecer da efemeridade do poder, porque ficamos embriagados pelos ganhos, pelo gozo da conquista, pela sensação de valorização que nos oferece. Podemos observar isso com clarividência no meio político. Do vereador ao presidente da República, passando por deputados, governadores e ministros, é muito comum nos depararmos com pessoas inebriadas pelo poder que detêm, esquecendo-se de que a roda da fortuna gira sem parar. E isso é comum porque essas pessoas apegadas ao poder não dão a devida atenção a outros aspectos que, sim, fazem a diferença em quem os cultiva. E que se resumem no que chamo de **potência**.

A potência é interna, pessoal e intransferível. São valores e conquistas que estão dentro de cada um de nós – e lá ficarão, independentemente de o reconhecimento chegar ou não.

Por exemplo: se estudei muito, adquiri cultura, avancei em minha erudição, trabalhei com afinco, todos esses atos resultarão em conquistas, em avanços pessoais. Em outras palavras, serão potências dentro de mim. Outras vivências que muito nos potencializam: nossa capacidade de fazer verdadeiros amigos, de mostrar nossos afetos, de sermos generosos, atenciosos, amorosos, tolerantes, respeitosos. Ou seja, verdadeiramente nos importarmos com os outros, independentemente da classe social, da riqueza, da cor, da raça, da religião; o quanto podemos nos aproximar e dar carinho para alguém doente ou moribundo; o quanto podemos interceder a favor de alguém que está sofrendo algum tipo de *bullying* ou agressão, enfim.

Atualmente, as potências estão colocadas num segundo plano. Observamos uma sociedade muito voltada para o poder. Abandonamos o **ser** e priorizamos o **ter** e – pior ainda – o **parecer**.

Aliás, essa é uma mudança sensível que se pode notar. Já faz um bom tempo que as potências são negligenciadas em favor dos poderes, mas há um fenômeno recente de incremento da superficialidade. Como as pessoas estão assumindo responsabilidades cada vez mais tarde na vida, e num contexto de vidas on-line, excessivamente virtuais, nem mesmo o poder tem sido conquistado de fato. As pessoas têm se contentado cada vez mais com o mero parecer ter. Se antes importava ostentar conquistas materiais por aí, no - digamos - mundo real, agora basta passar, via internet, a impressão de que somos alguém, de que temos, de que possuímos.

A intimidade e a cumplicidade com as pessoas próximas é um diferencial que nos gera potência. Observamos as relações cada vez mais distantes e esvaziadas. Famílias não compartilham sentimentos, afetos, informações e tempo. Cada um tem seu mundo virtual, e a prioridade é o contato com esse mundo de faz de conta. Amigos trocam palavras quase cifradas pelas mensagens nos aplicativos. Temos perdido a capacidade de leitura, de reflexão, de expressão, pois o Google nos oferece tudo.

Até namorar tem sido exercido de uma forma virtual. Em algum momento, os amantes da virtualidade se encontram e trocam secreções, por meio de beijos e da relação sexual. De imediato, voltam para o refúgio da virtualidade, onde a exposição é maquiada por personagens *fakes*[2] que vão construindo.

É preciso, pois, ter em mente que temos investido muito no poder, o que nos dá brilho ao olhar alheio. Não acho ruim nem critico que se busque ganhar dinheiro e ter poder. Entretanto, enfatizo que focar só nesse caminho poderá gerar uma sensação de vazio, que crescerá proporcionalmente ao aumento do poder e do dinheiro.

Nesse cenário de desalento, aumenta o risco de uso de álcool e de outras drogas, de uma busca desenfreada para transar com mais e mais gente, de festas quase que diárias, gastos astronômicos de dinheiro, jogos de azar etc. Mas nada disso trará bem-estar e sossego interior. Então, percebemos o desenvolvimento de depressões, crises de ansiedade, fobias, síndrome do pânico, insônias, perda da libido sexual ou impotência. É o que se tem chamado de pós-modernidade, em que tudo é gasoso, evapora rapidamente.

Percebo grande dificuldade de as pessoas ficarem consigo mesmas, no sentido de ler um livro, um jornal, uma revista, ir a um cinema, fazer reflexões, enfim, desenvolver a capacidade de se preencherem em alguns momentos de

---

2   Nota do editor: do inglês, falso; utilizado, no contexto virtual, para caracterizar personagens que pessoas criam para interagir *on-line*.

suas vidas. O ser humano é solitário, no sentido de que, sempre que tomar uma decisão, essa decisão é somente dele, é um ato solitário. Penso que uma boa maneira de desenvolvermos mais a nossa potência passará por essa apropriação.

Pense na cantata "Carmina Burana", na roda da fortuna, da sorte, do destino, girando para cima e para baixo. Penso que podemos diminuir o risco da influência do destino, da sorte, pela maneira como cada um de nós construirá sua vida.

D.R. – discutindo a relação

Pense nas relações conjugais, nos namoros, nos *affaires*, em suma, nos vínculos entre os casais. Quantas horas você e seus pares, de hoje e do passado, já não perderam em discussões intermináveis? Muitas, muitas horas – é minha aposta. E aposto alto.

A D.R., sigla para *discutir a relação*, é como modernamente se chama esse infindável movimento circular de brigas e desavenças inextricáveis. Comecemos falando de um problema específico, passamos a outro, e a outro, puxando a linha de um novelo sem fim. Quando nos damos conta, já nem nos lembramos mais do começo da discussão, do objeto central da conversa. Rapidamente, tendemos a entrar num esquema de acusação e justificação – nossos erros ou dificuldades todos têm explicação; os do outro, todos são imperdoáveis.

*Na **arte de ser infeliz**, tema central deste livro, uma das principais habilidades é essa de gastar tempo e energia em discussões que não levarão a lugar algum. Ou até podem levar, mas será um lugar bem diferente daquele que imaginamos ao começar a conversa. Frustração, raiva, ressentimento, desejo de vingança e distanciamento em relação ao outro são os resultados mais comuns.*

Gosto de atender casais e famílias no meu trabalho, e geralmente esses encontros são exitosos, sem brigas ou acusações. Entretanto, já cheguei a encerrar uma consulta com um casal por causa disso. Mal começaram a relatar seus problemas e já estavam discutindo de forma insana, um acusando o outro, em tom elevado e do modo mais confuso que se pode imaginar.

Presenciei, como espectador, o que todos já vivenciamos: as partes de um relacionamento tentando impor seu jeito de conduzir as coisas e ofendendo-se gravemente. Nesse caso que ora compartilho, achei melhor interromper nosso encontro, pois eu estava "tonto" e ansioso no meio daquela D.R. – e já sem nenhum poder para acalmá-los. Eu, que estava de fora, sucumbi, fui a nocaute observando aquele embate; imaginem quem está na cena, no palco, de protagonista.

O que percebo nesses momentos de discussão é que estão impregnados de um vício de origem: quem propõe a discussão, geralmente, quer impor ao outro seu jeito de ver as coisas. Logo, isso é um exercício de poder, de força. *"Vamos ver quem cede no final, quem cai de joelhos e se retrata e se desculpa!"*

Aqui descrevo um conceito que você já viu e verá em várias passagens deste livro: o **desejo de controle**. Ele se manifesta nesse contexto de D.R. como discussões que não são conversas francas, em que compartilhamos com o outro uma situação que ocorreu e que não nos fez bem, esperando que responda com sua visão. O que pode se esconder atrás desse aparente diálogo é que alguém quer impor a sua vontade, sua razão e suas convicções. É uma imposição de seu pensamento na cabeça do outro. Esse desejo de controle está presente no emocional ou inconsciente de muitas pessoas, e brota de uma maneira constante e impulsiva (ainda que, muitas vezes, esteja disfarçado de um desejo de ajudar, de fazer o bem). O pior é que o sujeito que abriga esses sentimentos não tem percepção consciente de que age assim.

Essas dificuldades não acontecem somente em relação à vida íntima e subjetiva do casal. Elas podem se expandir para qualquer tema do cotidiano. Política, futebol, religião, vestimenta, lazer, educação dos filhos etc. Tendemos a impor nossa vontade e nossas crenças na cabeça do outro. Sempre estamos "cheios de razão". E aqui mora o perigo. Às vezes, até usamos ameaças para alcançar nossos objetivos: "Vou me separar", "Não transarei mais contigo", "Vou falar com teus pais", "Vou contar para nossos filhos", "Vou dormir em outro quarto".

Há pessoas que não apresentam habilidade para expressar o que sentem e pensam. Nesses casos, elas tendem a brigar, gritar e xingar quando vão oferecer suas contrariedades. Se o outro parceiro for mais competente e perceptivo, pode tentar acalmá-lo, dizendo: *"Esse caminho não é legal, corremos o risco de eu também começar a te agredir verbalmente. Quem sabe paramos aqui nossa conversa e tentamos retomá-la amanhã?"*.

Devemos ter em mente que, quando vamos ponderar e colocar nossos pontos de vista em qualquer conversa do cotidiano, aparecerá o nosso *modus operandi* psíquico. Quero dizer que aspectos de nossa personalidade darão colorido mais negro ou mais claro para o curso das conversas. Enfatizo que os aspectos racionais e lógicos podem ficar num segundo plano, o que é complicado. O que fazer, se assim é que funcionamos?

Por que queremos ter razão ou sair aparentemente vencedores de uma conversa com alguém que é íntimo, parceiro, cúmplice, amante e querido para nós? Penso que essa maneira impositiva de se relacionar esconde sentimentos de insegurança, fragilidade, desconfiança, medos, pensamentos obsessivos. Esse tipo de pessoa precisa que o outro concorde com seus argumentos, pois assim terá uma sensação passageira de que foi mais valorizada e querida. Porém, logo todos os conflitos retornarão – e se refaz o ciclo de uma D.R. doentia.

Se você busca bem-estar emocional, tente escapar dessas armadilhas que a discussão da relação pode acarretar, pois quem deseja certa harmonia no convívio a dois deve saber que o sentido de uma relação é a diversidade de pensar, falar, posicionar-se, e, para tal, é fundamental que se possa discordar, enxergar o mundo diferentemente do outro.

Se você perceber que está ficando com raiva do amado, é um bom motivo para suspender a conversa. Diga a ele que esse papo está lhe fazendo mal, pois percebe desconforto interior e raiva. Sugira delicadamente interromper e retornar ao assunto noutro dia.

Outra reflexão pertinente. Se perceber que alguém começa a repetir o mesmo texto, as mesmas frases e argumentações, é um sinal de alerta para que parem. Essa discussão será repetitiva, cansativa e irritante. Logo, saiam dela e tentem retornar num outro dia. Percebam que eu digo outro dia! Sim, podemos esperar para conversar, tem tempo e é até saudável postergar, pois pode diminuir a brabeza, se houver. Diga ao parceiro: "Olha, você já disse isso, está sendo repetitivo, e eu estou perdendo o interesse nesta conversa".

Também não acho interessante que se discuta à noite, pois corre-se o risco de gerar ansiedade no casal, ao ponto de perderem o sono, o que é muito ruim. Não se pode esquecer que o outro dia nos espera de braços abertos para nossas atividades costumeiras e, se estivermos cansados, corremos o risco de nos atrapalharmos.

Imaginem um final produtivo para uma D.R.! Como seria? Algo nestes termos:

– Não tinha percebido que isso chateou você.

– Vou pensar neste assunto com carinho.

– Que bom que falaste isso, não imaginava que traria problemas.

– Não concordo contigo, mas vou refletir, e voltamos a falar!

– Acho bom ter falado, mas teu jeito de te expressar poderia ser menos agressivo.

– Nós não precisamos pensar da mesma maneira, mas acho bom não entrarmos mais neste tema, pois gera sofrimento.

– Não vamos discutir nada quando um de nós bebeu!

– Fui inadequado e grosseiro contigo, não gostei da minha atitude!

A vida segue, vamos continuar nos cuidando!

– Percebi meu equívoco, me desculpe, te atropelei na conversa com os amigos, vou tentar não repetir.

Muito melhor, não? Aposte alto que assim os resultados serão outros, diferentes daqueles com que estamos acostumados nas D.R. •

Não tema a opinião dos outros

Todos queremos ser aceitos, receber aplausos, obter reconhecimento. No mundo idealizado de nossos egos, gostaríamos que nossas piadas e nossos gracejos fossem os mais engraçados; nossas opiniões, as mais consideradas e respeitadas; nossos atos, os mais reverenciados. Contudo, evidentemente, não é assim que a banda toca, que a vida anda. Aliás, no mais das vezes não é assim.

Então, temos algumas opções. Ou damos de ombros ao fato de o mundo não nos abraçar o tempo todo, ou nos ocupamos excessivamente com isso, perdendo a paz de espírito e a naturalidade nas ações, sempre preocupados com o modo como as pessoas receberão nossas atitudes; ou, ainda, observamos a opinião dos outros com atenção e respeito, absorvemos o que nos serve e descartamos o resto, sem que isso nos aborreça.

Bem, é fundamental, para nosso equilíbrio emocional, a oxigenação da mente, de modo que possamos nos expor, mostrar o que se passa na nossa cabeça usando palavras ou atos para tal.

O medo da opinião dos outros sobre nós mesmos pode se tornar uma fobia mais recorrente em nossa atualidade, em tempos em que ter e – principalmente – **parecer** são mais importantes do que ser. Acabamos nos tornando uma sociedade repleta de *Marias vão com as outras*. Refiro-me à expressão utilizada para caracterizar pessoas de personalidade fraca, que seguem os outros, em vez de seguirem suas convicções.

Hoje tendemos a viver o estilo politicamente correto, ou seja, seguimos comportamentos e agimos em sintonia de pensamento com o grupo que nos cerca.

Com o advento das mídias virtuais, a individualidade de pensar e agir parece ter sido esmagada pela massa de internautas furiosos com os que andam fora da manada. Criou-se um modelo de controle externo do pensar e do atuar alheio, no estilo do livro *1984*, de George Orwell. É incrível ver que algo escrito em 1948 e pensado para acontecer em 1984 continua sendo tão verdade, tão atual. Não é a história, são as consequências, os medos, a vigilância, o controle, as verdades ditas como mentiras, e vice-versa, o poder absoluto de uma ou poucas pessoas, a manipulação.

Esse clássico da literatura é sensacional. Trata-se de uma distopia em que, numa sociedade totalitarista, Winston, o protagonista, vive uma vida regrada, comandada e assistida pelo Big Brother – o olho sempre presente do Estado opressor, que a tudo vê, por meio de mecanismos espalhados por todos os lugares.

As distopias são geralmente caracterizadas por totalitarismo, autoritarismo e controle opressivo da sociedade. Nelas caem as cortinas e a sociedade se revela corruptível; as normas criadas para o bem comum mostram-se flexíveis. A tecnologia é usada como ferramenta de controle, seja do Estado, seja de instituições – ou mesmo de corporações. Baseado no livro, criou-se para a televisão o tão conhecido *reality show* Big Brother, no qual há controle de tudo e de todos por meio das câmeras colocadas em todos os espaços, salvo os banheiros.

Mas, para uma vida mais plena, satisfatória e criativa, precisamos nos descolar do *big brother* que plantamos na nossa mente, pois é a partir de nosso imaginário que damos força para o que o outro pensaria a nosso respeito, ocupando-nos demais das impressões alheias e constituindo-nos em *Marias que vão com as outras*.

Não quero dizer com isso que devemos ser egoístas, inconsequentes, que simplesmente não se importam com os sentimentos e as impressões alheias. O que devemos, isso sim, é não deixar que as opiniões de outrem sobre nós mesmos moldem nosso jeito de ser, de agir, de pensar. Respeitar o próximo, sempre; sujeitar-se ao próximo, jamais.

É adequado e sensato prestar atenção às palavras, às opiniões e mesmo às críticas. É bem provável que, se dermos o devido zelo, considerando as críticas construtivas, podemos tirar bom proveito. Por outro lado, devemos estar atentos ao conteúdo das opiniões de quem as entrega a nós, pois, muitas vezes, trata-se apenas de condenações e julgamentos vazios, fundados em impressões apressadas e desatentas, ou mesmo em pura inveja ou despeito. Não podemos, por medo das opiniões alheias, deixar de ser quem somos e de agir conforme nossas vontades e inclinações.

O grande perigo que cerca os que se calam devido à opinião alheia é que usam desse artifício para efetivamente não se comprometerem com o cuidado adulto e responsável de suas vidas. Pode ser um álibi inconsciente usar a opinião do outro para não assumir a autoria do seu pensar, esperando que as coisas se ajeitem com o *andar da carruagem*. Esse álibi só trará prejuízos para os que se seduzirem com ele. Expor o pensar, o sentir e o agir é a grande fonte de energia para alavancar a estima, a segurança e a confiança diante das imposições da vida em si.

Escuto com frequência coisas como *"Eu não disse o que pensava porque tive medo da reação do outro"*. Ora bolas, não temos a menor capacidade de saber o que o outro pensará, qual será sua reação; logo, só nos cabe nos posicionar. Ademais, o resto é exercício de futurologia. Claro, sempre que oferecer suas ideias ou tomar atitudes, faça com respeito e delicadeza.

Não colocar-se com clareza pode ser muito prejudicial em todas as áreas da vida. Quantas vezes você não deixou de oferecer alguma ideia em seu ambiente de trabalho por receio de que sua proposta não seria bem aceita? Talvez você já tenha deixado de convidar alguém para sair por temer a resposta ao seu convite. Ou já deixou de usar uma roupa por recear olhares oblíquos e condenatórios! Não quis discordar do parceiro por medo de ser deixado. Numa balada, deixou de tentar se aproximar de uma possível companhia interessante com receio de não ser aceito... E por aí vai.

Tome cuidado para não ficar imobilizado em sua vida! Não use o outro para justificar sua paralisia. Não se deixe pautar pelos outros. Tente mostrar-se, oferecer-se. Não se furte de dar sua opinião, de fazer gracejos, de apresentar ideias, de ser quem você é. Como disse Nietzsche, "amor fati" – ou seja, goste e curta as coisas como elas se apresentam; no caso, goste de quem você é.

O porto seguro que podemos alcançar seria aquele onde nos permitimos ser verdadeiros e transparentes e, por outro lado, também desenvolver a capacidade e a competência para ouvir o que o outro tem a nos dizer, mesmo que diga de uma forma atravessada, que fira nossos ouvidos. Por outro lado, não é sábio nem recomendado que nos ofendamos com o que nos dizem, mesmo que não concordemos com o que ouvimos.

Outro dia, uma paciente disse que temia piorar ou ser prejudicada por uma medicação que receitei. Evidentemente, não me senti desqualificado com sua afirmação. Percebi que revelava as inseguranças e desconfianças que nutria em relação às pessoas que tentavam ajudá-la. Tinha uma história de maus-tratos na infância por parte dos pais, daqueles que deveriam cuidar dela. Eu era apenas alguém que estava tentando cuidar dela. No seu imaginário, o temor dos maus-tratos estava presente.

A arte de ser infeliz se desenvolve com vigor neste terreno fértil que é o temor e a consequente paralisia decorrente do olhar e do pensar do outro.

Somatização – quando o corpo fala por nós

O termo somatização é traduzido da palavra germânica *Organsprache*, que literalmente significa a "fala dos órgãos". É um conceito criado por Wilhelm Stekel (que foi próximo a Freud), no início do século 20. O termo podia representar tanto a manifestação física com lesões orgânicas como sintomas físicos sem explicação médica, desde que gerados por conflitos psicológicos inconscientes.

No final do século 20, a definição de somatização se voltou principalmente para sintomas físicos inexplicáveis, abandonando o conceito de doenças físicas de origem psíquica, as chamadas doenças psicossomáticas.

*Quando os sofrimentos emocionais, nossos conflitos, são tão fortes que transcendem a psique, percebemos consequências na saúde física. Ocorre, então, o que se conhece por somatização. Em poucas palavras, é quando a **arte de ser infeliz** tomou conta de nosso ser de uma forma que o corpo também paga a conta.*

Percebam que o corpo e a mente apresentam uma ligação umbilical de intensa intimidade. Quer dizer, a pessoa está submetida a algum sofrimento emocional, mas quem mostra o desconforto é o corpo. Eis a somatização. O corpo também fala por meio dos sintomas. Não deixa de ser uma saída criada por nossa mente, pelo nosso imaginário, diante de pressões insuportáveis que transitam em nosso inconsciente.

Imaginem a pessoa sofrendo de angústias, sem a menor ideia de onde vem esse mal-estar. A transformação do sofrimento psíquico inconsciente em algo palpável, como um problema físico, é uma alternativa razoável para o imaginário. Dessa forma, temos algo a tratar que mostra sua cara, por meio dos sintomas físicos.

Dores de cabeça, gastrite, náuseas, dores musculares ou nas costas, falta de ar, coração disparado, crises de hipertensão arterial, dermatites, asma, doenças autoimunes, perda da voz, dores vaginais na relação sexual, dificuldade de ereção... Enfim, as manifestações da somatização são muitas. O importante aqui é termos isto muito claro: muitas pessoas adoecem fisicamente em função de questões emocionais. As angústias e os conflitos nossos de cada dia são amplificadores de nossos problemas, deixando-nos com o corpo doente.

Gosto de fazer a analogia entre corpo e mente. Quando temos uma doença exclusivamente do corpo, é frequente a presença de dois sintomas que são fundamentais para buscarmos ajuda: a febre e a dor. Quando a mente adoece, também surgem duas vertentes de sintomas que sinalizam que precisamos de socorro: a depressão e a ansiedade.

Há uma doença do presente, a fibromialgia. Ao meu juízo, trata-se de um exemplo de somatização. A pessoa fica acometida de dores em todo o corpo, que mudam de lugar e são acompanhadas de falta de ânimo, irritabilidade etc. Não há nenhum exame de laboratório ou de imagem que sinalize alguma causa para essa patologia. Tratamos essa doença com os mesmos medicamentos que indicamos para a depressão e a ansiedade. Já acompanhei vários pacientes com esses sintomas, e todos eles apresentaram desencadeantes emocionais muito importantes. Dizendo isso, fica evidente que só a medicação pode não ajudar suficientemente, sendo necessário um acompanhamento psicoterápico. Nesse caso, a psicoterapia ajuda a clarear o imaginário do paciente, trazendo para a consciência os conflitos que desencadearam a fibromialgia, e, dessa forma, aliviar os sofrimentos.

Vou dar um outro exemplo familiar. Minha mãe (já falecida) sentia-se mal do estômago quando se alimentava à noite. As famílias italianas do interior do Rio Grande do Sul desenvolveram o hábito de tomar café com leite no jantar, junto com outros alimentos, como salame, queijo, ovos e mesmo bife feito na chapa do fogão à lenha. Embora se alimentasse com toda essa variedade de alimentos pesados, ela não considerava que estava jantando; acreditava estar apenas *tomando café*, um café "reforçado". Contudo, se fosse a um restaurante, ou mesmo à casa de um filho, comer qualquer prato quente, tão farto quanto seu "café", ficava mal do estômago. Mesmo sendo psiquiatra, não consegui ajudá-la nessa somatização. "Santo de casa não faz milagres", diz a sabedoria popular. De fato, ela não se preocupava muito com essa sua intolerância alimentar noturna; creio que nós, filhos, dávamos mais importância.

Outra lembrança que me ocorre: é frequente pacientes que vão a consultas médicas apresentarem alta na pressão arterial naquele momento, mas, quando voltam para suas casas, a pressão normaliza.

Outra: uma senhora dizia que tudo que comia lhe atacava o fígado. O fígado é culpado por tanta coisa! Sentia-se estufada e tinha diarreias eventuais. Até tomar água poderia fazer-lhe mal. Estava sempre às voltas com consultas médicas, certa de que algo aconteceria. Contudo, todos os especialistas que essa senhora procurava eram unânimes em dizer-lhe – apoiados por exames e análises – que ela não tinha doença física. Apesar disso, ela jurava perceber os sintomas das enfermidades que dizia sofrer. Depois de peregrinar pelos clínicos, foi enviada para uma avaliação psiquiátrica – o que não a agradou, pois não se achava *louca*.

Conforme fomos conversando, ela foi entendendo que todos os seus receios tinham base não na realidade, mas em angústias que ela mesma criava. Vivia uma situação difícil no trabalho, pois não concordava com as atitudes do pai, que era dono da empresa e de quem temia discordar. Temia a reação explosiva dele e também a desconhecida reação que ela poderia ter. Foi percebendo o que havia por trás de sua somatização e que, se seguisse por esse caminho, havia grandes possibilidades de logo adiante acabar adoecendo de fato.

O que aconteceu com essa paciente é exemplar. No momento em que ela se viu livre das ansiedades, seu corpo parou de "falar", de dar sinais físicos de seus desgastes psíquicos. A conexão dela com suas angústias inconscientes, que vieram à tona na psicoterapia, fez com que melhorasse das queixas físicas. Conseguiu trocar os sintomas físicos por conversas com seu pai. Nem o pai enlouqueceu nem ela precisou brigar com ele.

Em tempo: cabe oferecer informações médicas sobre o fígado. É um dos órgãos mais capazes e competentes do nosso corpo e, apesar de adoecer muito pouco, sempre leva as culpas por sintomas cujas causas são desconhecidas.

Se estamos com algum conflito, uma chateação, e não nos apercebemos disso, acabamos com algum tipo de sofrimento. Isso pode se manifestar em forma de irritação, ansiedade ou algo que o valha; ou pode acabar "estourando" no corpo. Por isso, é fundamental que tenhamos uma forte intimidade com a vida emocional, para que possamos perceber o que se passa conosco e não sofrermos sem saber o motivo.

Além disso, a somatização pode funcionar como um atalho, quando a pessoa tenta resolver, por essa via, algo que não consegue resolver à luz da realidade, do enfrentamento. Estando doente, acabará retirando-se daquele ambiente conflituoso; porém, o conflito psicológico a acompanhará onde estiver, mesmo numa praia paradisíaca.

O perigo de alguém com esse quadro é de passar por muitos consultórios médicos e submeter-se a uma grande quantidade de exames e procedimentos que podem colocar em risco sua saúde. Se o médico não desconfia ou não percebe que a razão das queixas pode ser emocional, poderá iniciar tratamentos diversos, mas sem resultados. Dessa forma, aumentará o risco de o paciente sentir-se cada vez mais doente e sem esperança de melhora. Evidentemente que fará uso de muitas medicações, com gastos importantes.

Por sorte, a somatização pode ser revertida com uma boa abordagem psicoterápica. Um clínico com sensibilidade e percepção poderá ajudar, sem que seja necessário buscar um psicólogo ou psiquiatra.

Equilíbrio entre conhecimento e comportamento

O mundo corporativo é repleto de convicções. Muitas são equivocadas. Já tratei de algumas aqui, como aquela que reza que os problemas pessoais não devem ser levados para o ambiente profissional. Há, contudo, uma compreensão acertadíssima nos departamentos de recursos humanos. Pode-se resumi-la assim: "**Conhecimentos técnicos contratam; comportamentos demitem**". Ou seja, graças à formação, ao preparo, à experiência, à *expertise*, uma pessoa conquista um emprego; todavia, em função de seu comportamento, a despeito de tanta capacidade, essa mesma pessoa pode perder seu cargo.

E essa é uma grande dificuldade. Como aferir as capacidades comportamentais de alguém que está para ser contratado? Complicado. O máximo que se pode conseguir são pistas – o que já é muito valioso. A análise de um currículo, de realizações intelectuais e profissionais e de capacidades técnicas é mais facilitada porque é amplamente objetiva e material. Já a contemplação da personalidade, da forma como o sujeito lida com o trabalho diário, como se insere e se relaciona em uma equipe, são elementos mais intangíveis. Uma boa avaliação psicológica pode ajudar, mas dificilmente eliminará as chances de problemas que poderão ocorrer no dia a dia organizacional. Isso porque a percepção das reações emocionais e da psique lida com expectativas, com potenciais, e se tornará mais visível com a atividade em si.

Não devemos nos esquecer de que, quando alguém é avaliado para ingressar em uma empresa, toma todas as precauções racionais para não deixar transparecer sua verdadeira maneira de ser. É como se usasse uma roupagem e uma máscara para disfarçar quem realmente é. Existe certa teatralização nessas seleções.

Portanto, essa é uma questão que deve ser observada por ambos os lados de uma negociação de contrato de trabalho. Durante o processo, o possível empregador e o provável empregado devem estar atentos para perceber o que um quer do outro e o que podem oferecer, para não haver frustrações em decorrência de expectativas enviesadas. Todavia, é no expediente, no cotidiano funcional, que o comportamento será realmente colocado à prova. E aí cabe especialmente ao funcionário fazer com que seus modos e procedimentos estejam à altura de seus predicados profissionais.

Às organizações cabe lidar com comportamentos inesperados e indesejados. Já fui chamado inúmeras vezes em empresas para mediar situações de conflitos comportamentais. Não é raro deparar-me com pessoas arrogantes, cheias de si, que não negociam, que exigem, que não pedem, mas mandam. O que fazer com esse tipo? Na correria diária, duas reações distintas são as mais recorrentes: a covarde submissão ou o temerário enfrentamento. Porém, a prudência, a verdade por inteira ao se falar sobre os impasses, a clareza, a objetividade e a serenidade ao abordar relações profissionais conflituosas são as reações que devemos buscar.

É como na vida pessoal: casamo-nos com alguém por vê-lo de determinada forma, mas na rotina conjugal surgirão dificuldades e, então, teremos de saber reagir. De uma forma ou de outra, o objetivo deve ser contornar e superar a situação, as querelas emocionais, e, se o objetivo não for alcançado, aí sim caberá uma atitude mais drástica, de rompimento.

Na vida dos casais existe a possibilidade de buscarem uma psicoterapia de casal. Na instituição, a intervenção de um profissional com experiência em detectar e lidar com conflitos emocionais, como se fosse um supervisor, é a atitude indicada. Entretanto, não faz parte da cultura empresarial buscar esse tipo de ajuda de profissionais que têm experiência e percepção para dirimir os conflitos emocionais embutidos nas relações profissionais.

Nas empresas familiares a situação é mais grave, pois, diante de uma dificuldade com um gestor, o processo de abordagem fica comprometido. Cada familiar terá seu ponto de vista, e a busca por uma solução poderá ficar muito prejudicada. Já presenciei pai como presidente da empresa ficar emburrado com os filhos que não acolhiam suas ideias, e o problema ser carregado para dentro de sua casa. Pior manejo é quando surgem conflitos entre os próprios familiares. Se não existir um administrador competente, seguro e determinado, que não tenda para um filho ou outro, a empresa se tornará inviável.

Ademais, ao se perceber, na avaliação do profissional a ser contratado, eventuais dificuldades, ou se aborda com ele o percebido, ou ele não é contratado. Outro momento será aquele em que, após contratado, surgirão as querelas e os contratempos. Então fará toda a diferença na abordagem dos problemas a competência e a saúde mental do CEO. É importante ter claro na cabeça que situações em que um subordinado se expresse de forma grosseira e inadequada podem não representar desrespeito ou ataque ao gestor. Caberá a esse profissional hierarquicamente superior, se tiver boa percepção, lidar com os conflitos, sem ofender-se como se fosse algo pessoal. A vida é recheada de confusões e rusgas, das quais se sai melhor quem não se ofende com as dificuldades alheias.

Não se esqueça de que, se você chegar ao topo da hierarquia funcional, precisará ter boa capacidade de perceber e oferecer soluções para os conflitos emocionais, lidando com eles sem que haja vencedores ou vencidos.

Seguindo por esses caminhos, talvez seja menos necessário demitir pessoas competentes que possam se desequilibrar emocionalmente. Comportamentos podem mudar, dependendo de quem acompanha os mais atrapalhados. Espero que você, CEO ou gestor, seja do tipo que sabe lidar de forma competente com os relacionamentos. Se não for o caso, procure o auxílio de um profissional que trabalha as dificuldades da vida emocional. Sua empresa agradecerá.

Você me ama mesmo?

"Você me ama? Tem certeza? Ama mesmo?"
"Preciso ouvir que me amas, assim acalmo meu coração!"
"Você não falou nada da minha roupa nova, talvez não me ame mais..."
"Hoje você ainda não disse que me ama..."
"Sabe, esperei o dia inteiro sua ligação, para dizer que me ama. Mas, talvez, não me ame mais do jeito que me amava..."

Quem já não ouviu, disse ou pensou frases como essas? Muitas pessoas sentem uma necessidade premente de saberem-se amadas, de ouvirem expressões elogiosas e apaixonadas, de terem o ego massageado. Quando ouvem que "sim", que são amadas, mesmo que isso seja dito de forma débil, desatenta ou da boca para fora, acalmam-se por um tempo e, aparentemente, dão-se por satisfeitas. Sim, satisfeitas por horas, mas logo voltando às exigências de novo. Reinicia-se logo o ciclo: nova espera de declarações ou atitudes que fazem com que um diga para o outro que existe amor naquela relação.

Caberia uma pergunta. Por que é necessário esse ritual de mostrar que se ama? Amor não se esconde, não se deixa dissimular. E tem inúmeras formas de ser manifestado. Portanto, não é interessante ficar angustiado, questionando se há amor verdadeiro. Basta abrir os olhos, os ouvidos e sentir na pele. Bastaria uma boa dose de *feeling*, de sentimento.

Provavelmente, essas perguntas e esperas de demonstrações de amor passam pelo que cada um lê e percebe no seu imaginário. Estou sugerindo que a dúvida e a insegurança vêm não necessariamente da coisa externa, mas do mundo interno, do nosso inconsciente, das nossas **encucações**, das fantasias e dos fantasmas que habitam nosso imaginário. Quanto mais frágeis nos sentimos, mais precisaremos de demonstrações palpáveis de que somos amados.

Os companheiros não são nossos pais e não nos cuidarão como se fôssemos criancinhas abandonadas.

Já ouviram alguma destas? "Tu não me ligaste nem uma vez hoje e agora à noite quer se chegar, quer transar"; "Nosso amor tem que ser nutrido como uma planta, deve ser regado todo dia"; "Quem ama responde na hora as mensagens no WhatsApp"; "Se tu me amas, não sai com teus amigos para se divertir sem minha companhia". Esta é terrível: "Me dá uma prova do teu amor!".

Também não estamos falando de paixão. Ora, a paixão é um estágio inicial de certos relacionamentos, que acaba tão rápido quanto surge – e é bom que termine. A paixão nos confunde, nos cega, porque desenvolvemos sentimentos idealizados em relação ao outro – ou seja, adoramos alguém que não é aquela pessoa que está conosco. O que se diz apaixonado deseja aprisionar o outro, objeto de sua paixão, tirando suas iniciativas e seus desejos. É como um encarceramento. A única possibilidade de esse tipo de vínculo evoluir é a paixão transformando-se em novos laços, outras formas de afeto – com intimidade, cumplicidade e liberdade. Acho mais interessante que ninguém se apaixone por nós, mas que apenas nos ame.

Não percam de vista que cada um oferece o que pode numa relação. Nem todos conseguem traduzir em palavras afetuosas o que sentem pelo outro. Também, para alguns, é difícil fazer um carinho, dar um abraço, dar flores, deixar bilhetes afetuosos ou fazer uma surpresa agradável. Os indivíduos carregam em sua bagagem experiências vinculadas a vivências afetivas, amorosas, de cuidados e atenção que receberam na infância e pela vida afora. Essas experiências ajudarão ou não na capacidade de cada um de poder mostrar suas habilidades afetuosas e amorosas nos relacionamentos futuros.

Pesa muito em nossas relações o histórico de nossos vínculos com pais ou cuidadores na infância. O quanto recebemos e vivenciamos em termos de afeto, carinho, atenção, elogios, toques, em outros momentos da vida. Uma criança que não se sentiu amada dificilmente conseguirá demonstrar bons sentimentos quando for adulta. Tende a ficar trancada, paralisada, sem iniciativa – o que não significa que não possa amar o outro.

Um aspecto interessante que observamos mais nos homens: eles tendem a demonstrar seus afetos na cama; ou seja, o sexo é o canal que usam para demonstrar seus amores. Já para as mulheres isso pode ser pouco, pois esse ato confunde amor com desejo sexual. O desejo sexual é mais pobre, menos elaborado e pode surgir também por outras mulheres com quem não se tenha intimidade ou não se ame. A sabedoria popular diz que "os problemas do casal se resolvem na cama". Ora, um casal assim tem pouca intimidade, capacidade de entrega amorosa e afetiva. Quando diminuir o interesse sexual, o que manterá esse casal junto?

Outros entendem que uma maneira de oferecer seus amores é sendo cuidadores e provedores na relação. Dão todo o suporte financeiro, são mantenedores, atenciosos, alcançam todo tipo de mordomias, gastam em presentes e viagens e, com frequência, também dão essas benesses para os familiares do cônjuge.

Entretanto, gostaria de falar sobre a dificuldade que alguns têm de perceber as outras formas que existem de entrega do amor. É mais agradável e fácil receber palavras e gestos que indicam claramente uma postura de alguém que ama. Mas e aqueles que não conseguem fazer essa entrega tradicional, esperada? Aquele que sai para buscar um remédio de madrugada; que ajuda a família do companheiro com recursos financeiros; que leva ao médico; que não dorme à noite para cuidar das crianças, enquanto o outro dorme; que não se afasta diante de uma doença grave; que continua desejando sexualmente o outro, mesmo tendo perdido a mama ou perdido parte da potência sexual; ou oferece sempre um olhar de cumplicidade, como uma forma magistral de oferecer seu amor.

A insegurança quanto ao amor do outro é prejudicial de muitas formas. Em poucas palavras, eu diria que ficar duvidando do amor de seu par poderá levar a um esgotamento da relação, criando áreas de desgaste. A relação se vai deteriorando, ficando chata, até insuportável. Quem aguenta conviver com tanta cobrança? É uma sobrecarga provar todos os dias que se importa e tem afetos pelo outro, até porque o amor deve ser sentido, percebido pelo outro, sem necessidade de ser provado.

É gostoso receber flores de alguém de que gostamos. Uma joia, por mais simples, também toca o coração. Entretanto, também é possível usar as flores, as joias e outros mimos para iludir a pessoa que quer sentir-se amada. Tudo é relativo no mundo das palavras e dos presentes; só não é relativo o que sentimos e percebemos em relação ao outro.

Aquele que é carente de ouvir "eu te amo" poderá estar correndo um risco. Pode confortar-se com qualquer palavra agradável, ser seduzido por um presente especial, deixar-se levar pelo discurso, sem, efetivamente, saber se seu amado também não compartilha com outra pessoa essas mesmas ladainhas, cantilenas e palavras de cunho amoroso.

A vida a dois, meus amigos, não é um filme de Hollywood ou uma novela da Globo. Para ser amado, talvez não se precise de um manancial de toques, de palavras bonitas, de gestos grandiloquentes. Com a influência dessa visão deturpada tão propagada, muito se fala das pessoas que são incapazes de manifestar seu amor, talvez com grande injustiça, pois pode ser que o amor esteja lá, ainda que não comunicado.

Gostaria de convidá-los para uma reflexão final. Penso que todos concordam que o mais gostoso é poder receber o amor da forma convencional, ou seja, dita, falada, mostrada com flores, toques etc. Entretanto, o mais difícil e exigente é desenvolvermos a capacidade de perceber como o outro entrega o seu amor, especialmente quando não é da maneira convencional ou como gostaríamos de recebê-lo.

Sim, é necessário fazermos essa leitura subjetiva do amor oferecido. A percepção e a segurança de que somos amados passa por uma segurança e boa autoestima interior. Se faltar isso, seremos eternos sofredores, e precisaremos dessa transfusão de amor na veia todos os dias. Contudo, a insegurança fará com que a hemorragia continue, e não há transfusão que revitalize um ego frágil e doentio.

O emocional comanda nossas vidas

Você acorda. Vai ao banheiro. Olha-se no espelho. Arruma o cabelo, escova os dentes. Depois, toma seu café da manhã e sai para suas atividades do dia. É mais ou menos assim com todos nós. A rotina que acabo de descrever segue sua normalidade com mais outras atividades, todas voltadas para o exterior, para aquilo que vemos e que podemos tocar. Você se vê no espelho, toca em seu cabelo, vê outras pessoas, conversa, manipula objetos, enfim. Você faz tudo isso.

Mas... **Quem é você?** De onde vêm todas essas ações? Que é seu corpo que as faz nós sabemos. Mas quem está por trás disso? Ou melhor, o que está por trás de seus atos?

Falo aqui de nossas emoções, da vida psicológica ou psíquica, inerente, onipresente e determinante no rumo de nossas vidas. Não a vemos, não a tocamos. Mas é ela quem está no comando, quem condiciona tudo que pensamos, fazemos, falamos, enfim, todo o imaginário. Entendamos como **vida emocional** aqui tudo que lhe garante existência: psique, mente, consciente, subconsciente e inconsciente. Os hábitos que mantemos, as comidas que ingerimos, as pessoas com quem nos relacionamos, os êxitos e as derrotas da vida, como nos sentimos, como percebemos os outros, nossas reações de alegria ou tristeza, tudo, tudo isso e muito mais depende da abstrata e impalpável vida emocional.

*Precisamos, então, desenvolver uma intimidade com nossas emoções, familiarizarmo-nos com elas. Cuidamos do corpo, exercitamo-nos, escolhemos os alimentos, selecionamos roupas... E a mente? Em geral, nem sequer nos apercebemos de sua existência, de sua importância fundamental. Para uma vida mais interessante e prazerosa, para abandonar a **arte de ser infeliz** e orientar-se para a felicidade e o bem-estar, não tem outro jeito: é urgente que cuidemos das emoções, da mente, que possamos ter mais intimidade e cumplicidade com essa entidade poderosa.*

Tendemos, nas dificuldades relacionais, a nos focar mais no concreto, no palpável, naquilo sobre o que temos mais conhecimento. Usamos a razão, o juízo crítico, a inteligência para o entendimento do conflito e o encaminhamento do embate que teremos que travar com nós mesmos ou com os que nos cercam. Assim são as pessoas, sempre vão pelo caminho em que se sentem mais preparadas, mais seguras.

Todas as confusões da vida, as tristezas, frustrações, incompreensões, perplexidades, enfim, tudo que nos angustia, deprime e até mesmo paralisa é condicionado por aquilo que ocorre em nosso interior. É preciso, em primeiro lugar, dar-se conta disso.

É claro que fatores externos da vida real também forjam e complicam o nosso emocional. Mas o tamanho e a repercussão dos problemas reais passarão pela competência, pelo discernimento e pela leitura que o imaginário fará dessa realidade dura. Está na moda falarmos do estresse e de como lidar com ele. Aqui, também, cada um de nós construirá e dará o tamanho do seu estresse, independentemente dos fatores externos.

Existe uma tendência geral de acreditar que somente em casos extremos se deve parar para pensar no que se passa em nossa cabeça e, talvez, até procurar ajuda profissional. Em outras palavras: só nos preocupamos com a mente e as emoções quando há indícios de loucura, de doença psiquiátrica limitante, de afastamento do convívio social, de desequilíbrio grave.

De modo algum! Aliás, pensar isso é que é uma loucura, uma temeridade, uma irresponsabilidade consigo mesmo. Dito isso, é importante que as pessoas percebam que cada indivíduo terá a sua resposta às mazelas externas.

O que fazer, então? Não há um formulário, um manual, um único caminho para seguir e ficar em paz com sua mente, obtendo resultados mais ou menos satisfatórios em todos os campos de sua vida. Decidir o modo como você cuidará de sua mente já faz parte desse cuidado. Talvez você seja capaz de, de forma solitária, com leituras e reflexões, encontrar-se consigo mesmo e dar um bom encaminhamento para suas emoções.

Além disso, você poderá ser ajudado por meio de conversas, de troca de ideias com um interlocutor mais intimista, um amigo, um parceiro... Com pessoas em quem você confia ou até mesmo com um profissional. O ideal é fazer tudo isso. Se puder compartilhar com as pessoas de seu convívio suas angústias, suas vitórias e suas derrotas, isso lhe fará um tremendo bem e, ainda, encorajará o outro a fazer o mesmo. Em tempo: converse com pessoas que não se posicionem como as donas da verdade e que não sejam críticas, pois estas não o atrapalharão.

Nas organizações é ainda mais fundamental a presença de alguma intimidade, percepção e interação com a vida emocional naquele que dirige e interage com muitas pessoas. Não se dá a devida importância ao traquejo e à sensibilidade com a vida emocional por parte dos diretores ou CEOs que comandam as empresas. Ali valem mais os conhecimentos técnicos, o que não é ruim *per se* – mas não é apenas isso que importa.

Outro campo de grande relevância para as questões emocionais, mas que lhes dá pouca importância, é o futebol. Alguém sabe responder qual é a influência da vida psíquica na atuação dos jogadores e no resultado dos jogos? Diria que muita. Expulsões infantis, faltas sem sentido, simulações de faltas, agressões etc. Tudo tem relação com o psicológico individual e do grupo.

O caso da Copa do Mundo da França em 1998 é exemplar. Na noite anterior à final, o jogador Ronaldo, o "Fenômeno", teve uma crise que abalou todo o grupo – e o Brasil acabou perdendo a final. A dita crise foi parecida com uma crise epilética, embora não confirmada. Soube-se depois, pela mídia, que ele passou por abalos emocionais fortes, relacionados a familiares que estavam em Paris, pois os jogadores não podiam ter convívio fora da concentração. Logo, descartada a epilepsia, sobrou uma crise de "nervos". Que prejuízo causou para a alma brasileira...

Quero fazer uma diferenciação entre dois caminhos que podem levar ao adoecimento emocional ou mental. Um decorre de alterações bioquímicas que ocorrem no cérebro e é ligado aos neurotransmissores (dopamina, serotonina, noradrenalina etc.). Nesses casos há, muitas vezes, histórico familiar de doença mental, o que sugere a presença de alterações genéticas. Nesses pacientes, o uso de remédios terá grandes possibilidades de trazer benefício. As psicoterapias ficam num segundo plano.

O outro caminho do adoecimento está mais ligado aos conflitos imaginários que acalentamos em nossa psique. Nesse caso, os aspectos externos são menos importantes para o surgimento do sofrimento psíquico. É primordial essa observação, pois nos deparamos com pessoas que estão tristes, abatidas, desanimadas, ansiosas, com medos e que tomaram vários remédios sem resultados positivos. Aqui, a psicoterapia é indicada no sentido de descobrir a origem psíquica desses sofrimentos. A psicoterapia equivale a resgatar uma pessoa que está soterrada após um terremoto, voltando à vida plena.

Exemplificando, um rapaz desenvolvia crises de ansiedade, tipo pânico, cada vez que tinha discussões com sua mãe. Piorava sempre que a mãe o visitava em sua casa. Aqui a dificuldade de opor-se ao jeito mandão da mãe gerava os sintomas. Os sintomas lhe tiravam a energia e tinham a função de não demonstrar para a mãe a sua brabeza e irritação. Precisou adoecer para proteger a relação. É claro que o melhor seria falar aquilo que o aborrecia, sem agredir a mãe.

Outro caso é o de uma senhora que estava de cama, sem desfrutar dos benefícios do uso de vários antidepressivos. Ao avaliá-la atentamente, pude perceber o problema: o marido insistia que ela trabalhasse, tentando comandar sua vida. Ela temia opor-se ao esposo; achava que isso pudesse levar à separação. A saída inconsciente foi deprimir-se, ficar na cama, sem forças, como se isso tirasse o ímpeto cobrador do companheiro. Ao entender esse processo em terapia, melhorou dos sintomas e não precisou seguir tomando medicações.

As dificuldades sexuais, tanto masculinas como femininas, em geral, não se devem a problemas físicos, do corpo ou hormonais. No mais das vezes, a origem é emocional (excluindo a perda de libido ou desejo das mulheres na menopausa, decorrente da baixa de hormônios femininos).

Encerrando: vale a pena ficar de olho em nosso emocional, tanto nas áreas de atuação individual como nas de dinâmicas coletivas (nos esportes, nas empresas, na família etc.). Caso você não consiga ter sucesso e avançar com seus próprios recursos, vale a pena buscar a consultoria de um profissional que conhece os meandros da psique – um psicólogo ou um psiquiatra. Não faz muito sentido buscar um engenheiro para essa tarefa, como foi feito com o consultor para fins relacionais da seleção brasileira da Copa de 98. Pense nisso!

Deixa a vida me levar...

"Deixa a vida me levar, vida leva eu..."

É o que diz um dos mais icônicos sambas da música brasileira recente, interpretado por Zeca Pagodinho. Os versos são bons, dão uma canção agradável, de boa levada. E lá – na música – devem ficar. No mundo real, nada disso de deixar a vida nos levar! É uma fria.

Por mais banal e óbvio que possa parecer, é preciso reafirmar sempre: quem deve dar conta de sua vida é você. E a necessidade de rememoração desse fato decorre de que é muito comum, entre os seres humanos, a crença e o desejo de que podemos ser salvos, coordenados ou orientados por alguém – ou mesmo pela aleatoriedade da vida. Terceirizar as obrigações, deixar a vida nos levar e levar a vida com a barriga – eis algumas de nossas especialidades mais prejudiciais.

A vida não é justa nem injusta, ela vai acontecendo e, muitas vezes, as coisas vão ocorrendo ao acaso. Logo, não faz sentido dizermos que tal coisa não poderia ter acontecido, ou que não merecemos algo, ou que aquilo é uma injustiça.

Para tentarmos fazer a vida menos sofrida e complicada e diminuir o azar, vamos tratar de dar atenção máxima ao que fazemos. Sim, escrevi **atenção!** Precisamos olhar para as demandas do cotidiano. Sair na hora adequada para chegar ao compromisso. Responder a uma mensagem ou a um *e-mail*. Pagar as contas. Desmarcar uma consulta médica ou o encontro com um amigo se não pudermos ir. Fazer exames médicos, para não sermos surpreendidos por uma doença grave. Divertir-se. Tentar trabalhar em algo agradável. Sermos o mais verdadeiros possível com as pessoas, dizendo ao outro algo de que não se está gostando. Conhecer e respeitar nossas limitações. Cuidar com o uso de álcool e com a comida. Etc. etc. etc.

De forma aparentemente paradoxal, ao mesmo tempo em que não queremos assumir a responsabilidade de tocar nossas vidas, desejamos sempre estar no controle da vida dos outros. São comportamentos que parecem ser contraditórios, paradoxais – mas não o são. Fugir do controle de si mesmo não entra em contradição com o anseio de dominar o outro, porque em ambos os casos a motivação é a mesma: não dar atenção devida para a vida. Na recusa de controlar minha vida, sou irresponsável comigo mesmo; no desejo de controlar a vida alheia, a responsabilidade é fingida, é irreal, pois as consequências das decisões pesam sobre a pessoa controlada, não sobre mim.

Então, ao mesmo tempo em que você deixa a vida levá-lo, não quer responder por si próprio. Provavelmente, tem à sua volta um pai, uma mãe, um amigo ou um cônjuge que deseja controlá-lo. E vice-versa. Forma-se, então, um conluio doentio, o que é muito temerário, pois simplesmente abrir mão de sua responsabilidade sobre sua própria vida não o livrará dos problemas. Sempre haverá alguém de plantão querendo tomar conta de sua vida. Fique atento, pois, geralmente, esse plantonista não deve ter muita competência para cuidar da vida dele, muito menos da sua. O máximo que você conseguirá será uma sensação de alívio ao terceirizar suas decisões. Quem aparentemente decidirá por você, contudo, se sentirá muito importante. Ledo engano!

Mas, além dessa transferência mais pessoal, há terceirizações mais abstratas – e muito mais irresponsáveis (se é possível). Vários são os focos de nossas projeções de responsabilidade. A pessoa não está bem na vida e então debita suas dificuldades nos outros – no chefe, no namorado, no clima, nos pais, no presidente da República...

Porém, efetivamente, ao conversar com indivíduos que fazem isso, percebe-se que não dão a atenção devida à sua própria vida. Sem perceberem, passam a enredar-se em formas de fuga, como consumo excessivo, endividamento, compulsões alimentares e sexuais, enfim... O que importa é fugir das decisões ou desviar o foco de tensão. Evidentemente, isso não é saudável e não trará resultados.

O sujeito, então, ocupa-se com qualquer atividade para ter a sensação de que está cuidando de sua vida. Mas o emocional, o inconsciente, percebe que isso é uma farsa – e dará sinais de que as coisas não estão bem. Uma possibilidade inconsciente de se retirar dos cuidados do seu cotidiano é começar a sentir algum sintoma de origem emocional, como desânimo, nervosismo e desinteresse. É como se a pessoa tivesse um álibi e se autorizasse a descuidar de sua vida.

Quero fazer um comentário sobre as expectativas de algumas pessoas em relação às religiões. É o caso de indivíduos religiosos que entendem – de forma equivocada – a disposição de entregar-se a Deus. Confiar em um ser criador no qual você crê não pode ser confundido com não decidir e não fazer nada, esperando uma providência superior. Se você tem uma crença, não deixe de agir, de fazer, de deliberar. Isso não o impede de acreditar que alguma força divina o ajudará. Inclusive, entregar a Deus todas as suas decisões é uma exigência inadequada em relação a Ele! Ou você acha que Deus não tem nada mais importante para cuidar do que pensar nas decisões que você deveria tomar e não toma? Tem uma passagem bíblica que diz algo assim: "*Ajuda-te, que te ajudarei*". Use sua fé para ser ajudado, mas não espere que Deus resolva por você. Um exemplo corriqueiro é quando o fiel não faz a sua parte e diz: "Entreguei a solução nas mãos de Deus".

Enfim, não importa se é no cônjuge, nos pais, no governo ou no seu patrão que você deposita o comando de sua vida. Tente mudar esse comportamento. Não deixe a vida levar você; trate você de levá-la para onde quiser e puder.

O bom – ou o ruim – dessa história toda é que sempre a decisão será sua, mesmo quando imagina que alguém decidirá por você. Os mecanismos aqui descritos são caminho fértil para o adoecimento emocional, abatimento, tristeza, irritabilidade, insatisfação, ansiedade, insônia e muitos outros sintomas. Esses mecanismos de buscar e estimular que cuidem de nós provavelmente decorrem de relações infantis. Muitos pais, na ânsia de empurrar os filhos para a vida, começaram a tomar decisões ou fazer coisas e tarefas por eles. Imaginavam que cresceriam impregnados pelo saber recebido por osmose. Porém, esse tiro sai pela culatra – ou seja, essas crianças se tornam adultos tímidos, temerosos e pouco criativos.

Alguns pacientes me perguntam o que eles devem fazer diante de alguma situação complexa. Eu, de pronto, respondo: "Às vezes, não sei bem nem como devo decidir coisas de *minha* vida. Como posso querer decidir por você?". Só para lembrar: a função de um psicoterapeuta não é decidir a vida dos outros, mas ajudar a entender suas dificuldades, para que tomem suas decisões.

O faz de conta das relações profissionais

Este texto se dirige a quem lidera pessoas, comanda equipes e, especialmente, é dono de algum negócio.

Você conseguiria sentar-se com seus colaboradores, com os funcionários de sua empresa, e dar-lhes a palavra para que abertamente dissessem o que pensam sobre você? O mais recomendável seriam conversas individuais, com um horário para começar e terminar. De qualquer forma, você teria cabeça, capacidade, preparo para ouvir isso?

E mais, digamos que você seja um caso ainda um tanto raro de líder capaz de ouvir opiniões e considerações sobre si sem se perder em reações de autodefesa agressiva, de projeção de problemas sobre os outros. Nesse caso, além de ouvir as opiniões de seus subordinados, você conseguiria tirar algum proveito disso?

Enfim, seria capaz de ouvir, "digerir", reagir e lograr resultados positivos de todo esse processo? Bem, se você é esse cara, sua empresa deve ser um sucesso, e as pessoas devem gostar de trabalhar aí. Quem assim procede deve ter muita saúde mental para dar e vender.

Vamos estender nossa meta. Essa conduta não precisa ser apenas no trabalho. Poderia ser em casa também, entre pais e filhos, genros e sogros, alunos e professores. Você consegue imaginar uma conversa nesse nível que não terminasse em muita discussão e mais desentendimento ainda? Pois em casa, entre os nossos, o faz de conta das relações profissionais tende a se desfazer e pode nos revelar de uma forma mais verdadeira e sincera nosso real "jeito de ser". Enquanto na empresa ouviríamos algo sobre nós e pararíamos para respirar, para não reagir de forma desmedida, em casa nos sentimos mais à vontade para falar o que vier à cabeça – e, quando somos acusados, o que vem à cabeça é defender-se e atacar de volta. Às vezes, nem entendemos de fato o ponto de vista do interlocutor e já nos colocamos no ataque.

Então creio que, no ambiente profissional, esse processo pode ser facilitado ou complicado se considerarmos a cabeça do gestor. Na hierarquia das instituições, esperar-se-ia que quem ocupa uma posição mais elevada – diretor, gerente, coordenador – tenha mais competência para lidar com os conflitos. Mas será que é assim, que há nos gestores mais capacidade para lidar com as contrariedades e escutar pareceres diferentes dos seus? Percebo que a maioria não tem esse diferencial. São lideranças acostumadas a dar ordens e a esperar resultados.

As empresas costumam buscar gestores com grande capacidade intelectual, conhecimento palpável na área em que atuarão, com pós-graduação, MBA, experiência etc. Entretanto, não se costuma avaliar a capacidade relacional, a sensibilidade, o saber ouvir, perceber, interagir, digerir, articular.

O funcionário menos graduado (teoricamente falando) deveria ter mais espaço e tolerância para dizer "bobagens". Seria muito produtivo se os que estão acima na hierarquia não se ofendessem nem se irritassem com alguma afirmação inadequada do colaborador.

O perigo surge quando um gestor tem dificuldade de fazer esse tipo de enfrentamento, pois, no fim das contas, ele acha que não precisa disso. Acredita que, para a empresa produzir e gerar resultados, basta que seus funcionários sejam pagos em dia, baixem a cabeça e trabalhem – *"Manda quem pode, obedece quem precisa"*, pensam.

De fato, isso acontece muito nas empresas; às vezes, como algo incorporado, de modo que nem parece poder existir uma forma diferente de se relacionar. Porém, tenha certeza de que um ambiente de relacionamentos respeitoso e não muito regrado poderá motivar os colaboradores de uma forma especial, diferente daquela recompensa financeira. O resultado, além de maior produtividade e lucratividade, será um grupo de pessoas sentindo-se bem, achando que vale a pena trabalhar nesse local e com uma sensação de respeito e valorização. Contudo, a dificuldade está no caminho até se chegar a essa condição, e começa no próprio líder.

O dono de um negócio, alguém que tem o mérito de gerar riqueza e empregos, é alguém que tem grande poder. Em mãos emocionalmente despreparadas, seriam incapazes de ludar com tanto poder sem se perder, sem que isso lhes subisse à cabeça. Essa condição pode ser nociva – para os funcionários, para os negócios e, no fim das contas, para o próprio empregador. Somemos a isso as atribulações do dia a dia, as grandes responsabilidades que pesam sobre quem tem muitas contas e muitos impostos a pagar e, então, teremos um líder que pode sucumbir diante das questões emocionais.

É preciso, portanto, tentar reinventar, abrir-se, oferecer espaço, dar voz a seus funcionários, a seus colaboradores. Afinal de contas, você precisa que eles colaborem com você. É urgente ouvir o que pensam aqueles que compõem seu valioso capital humano – a respeito de tudo, inclusive sobre você. Tenha certeza de que todos crescerão com isso. Os ganhos para a empresa são evidentes: bem-estar geral, produtividade, lucros. Já os funcionários se sentirão valorizados, perceberão que são parte importante do negócio. E reagirão a isso em suas atribuições.

É claro que essas conversas não surgirão ao acaso, pois nossa cultura é de não estimular esse nível de relacionamento dentro das instituições. Mesmo dentro de casa há uma tendência de os pais não ouvirem o que os filhos têm a dizer, principalmente se forem crianças e adolescentes. Imaginem se as escolas criassem e estimulassem esses diálogos entre professores e alunos de uma forma respeitosa. Nas escolas privadas, penso que teríamos um caminho propício para essas experiências. Pode parecer uma utopia, uma digressão essas minhas ideias, mas penso que não são fora de contexto. Vale a pena inovar!

Mas, é claro, não basta ouvir os colaboradores. É preciso ouvir, pensar, entender, digerir e – o mais importante – fazer a devolução qualificada do que foi ouvido e percebido. É comum chefes tentarem dar esse espaço em suas empresas, mas, imediatamente após a primeira etapa do processo (ou seja, a conversa), reagirem mal, inclusive pensando em se vingarem do funcionário que disse algo que lhe desagradou. Cuidado! O bate-papo é só o começo. É preciso lidar bem com suas repercussões. Esteja certo de que, após a conversa, o empregado ainda estará desconfiado, temendo as reações do chefe. Se este souber ouvir e reagir bem, aproveitando o que é aproveitável e desprezando o que não faz sentido, aí, sim, todos avançarão juntos.

Entretanto, quando a distância para os diálogos presenciais é muito grande, uma possibilidade inicial é poder receber por escrito as sugestões, mesmo sem identificação dos colaboradores.

Aliás, essa abertura é uma estrada de mão dupla. Percebendo que pode se expressar livremente com a chefia, os funcionários estarão mais receptivos a demandas e cobranças – desde que justas e bem colocadas, é claro. Perceba como simplesmente não há por que não proceder assim. Imagine que, além de tudo, você contará com uma equipe disposta a receber tarefas, a realizar o que é pedido com dedicação, e não por mera obrigação de quem necessita de um salário no fim do mês. A recompensa será de todos.

A competência de quem ouve não está só vinculada ao fato de concordar com o que escuta, mas também à capacidade de lidar com algo com que não concorda, que até pode ser injusto ou inadequado. Aqui entra a sensibilidade, a segurança, a autoconfiança, em suma, a saúde mental do gestor.

Enquanto escrevo este texto, recebo uma mensagem de WhatsApp do jardineiro que cuida da casa que minha família tem no litoral. Dizia: *"Como o senhor não veio neste fim de semana, resolvi lhe mandar uma foto para mostrar como estão bonitos o jardim e a grama"*. Percebi, nessa mensagem, o cuidado e a forma carinhosa como o jardineiro cuida das minhas coisas. Sempre me causou uma boa impressão; gosto dele. De pronto, respondi à mensagem, dizendo: "Que bom que te encontrei. Gosto muito de ti e da maneira como cuida das minhas coisas". Fez-me bem ter respondido, mas confesso que não é algo fácil, que brote espontaneamente dentro de minha alma.

É bom lembrar que nossas reações estão mais vinculadas à velocidade das emoções que sentimos do que ao processo de pensar. A emoção anda na velocidade da luz; já o racional, o pensamento, anda na velocidade do som, que é mais lento. Logo, tendemos a reagir impulsivamente, por meio da emoção sentida em determinado momento, já que a palavra elaborada pelo pensamento é menos célere e depende das malditas emoções.

Em busca da perfeição

Muitas pessoas não descansam enquanto tudo o que fazem não saia do jeito mais certinho, mais perfeito, segundo seu próprio critério. O problema é que, em relação à perfeição, somos como um cachorro querendo pegar o rabo. Se não pararmos de tentar, chegaremos à exaustão, ao esgotamento físico e mental ou ao abandono da tarefa. A perfeição que aqui descrevo é em relação a algo inatingível, pois se refere não à tarefa a ser realizada, mas à insatisfação interna de quem a faz. Existe uma dissociação, uma desconexão entre o trabalho a ser executado e o desejo de quem o faz. É como se eu pedisse para o perfeccionista limpar uma roupa, e ele a rasgasse de tanto lavá-la; ou nem chegasse a limpá-la, porque ficaria ruminando que produto de limpeza usaria e, dessa forma, não conseguiria iniciar o trabalho.

Não quero dizer que procurar sempre fazer o melhor, estar constantemente em busca do melhor, seja algo ruim. De modo algum! Ter o reconhecimento dos seus pares pelo êxito do trabalho realizado é muito reconfortante. Os perfeccionistas, na verdade, não sabem aonde querem chegar, pois não têm tolerância com o possível a ser feito; dessa forma, acabam mirando o impraticável. Muitos ficam paralisados simplesmente. Já vi pessoas que, não podendo fazer o que acham o melhor, simplesmente não conseguiam sair do lugar em uma tarefa, pois, inconscientemente, na cabeça delas o contrário da perfeição é a mediocridade.

Este livro talvez não saísse da gaveta se estivesse na casa de um perfeccionista. Sempre há o que melhorar, sempre há palavras melhores, formas melhores de dizer o que queremos transmitir. Uma obra escrita jamais estará finalizada como seu autor gostaria, mas é preciso jogar com a realidade e dar um ponto final.

Também, a série de vídeos "**5 minutos com o psiquiatra Nelio Tombini**"[3], que tenho gravado sobre a vida relacional, não teria se concretizado. Nas primeiras gravações, ficava muito inseguro, queria repetir as gravações, assistia aos vídeos e não gostava. O cinegrafista ajudou-me; quando eu via os vídeos e não me agradava, ele afirmava que estava bom, que tinha experiência de ter gravado outras pessoas, e que eu me comunicava bem. Acreditei nele! Combinamos que os vídeos não teriam edição, que seriam postados sem refazermos nada, salvo em caso de algum erro grosseiro. Se eu tivesse tendências perfeccionistas, o cinegrafista me abandonaria ou me cobraria muito mais pelo tempo que passaria para fazer um vídeo.

Nesses casos e na maior parte das situações, não há motivos para apegar-se a correções infindáveis e insanas. Até porque – saiba disso, se você tende ao perfeccionismo –, normalmente, ninguém além do próprio perfeccionista percebe as correções feitas. Ou seja, no mais das vezes, todo o trabalho a que se dão essas pessoas não é percebido por ninguém, e mesmo o perfeccionista terá dúvidas se valeu a pena mudar tanto.

Por essas e outras, o perfeccionista é um grande sofredor, a despeito de ele mesmo julgar-se muito importante. Como pensa que suas obras e ações devem ser perfeitas, está sempre se cobrando – e pensando que está sob constante crivo dos outros. Perceba o tamanho desse ego! Ele crê que é o centro das atenções, das suas e de outrem, de modo que não se pode dar ao luxo de errar, jamais.

Por isso tudo, o perfeccionista será alguém muito disciplinado, muito cuidadoso com tudo – logo, muito preocupado, angustiado. Porém, a vida corre fora dos nossos controles, e as pessoas também. O desejo de controle faz parte das possibilidades de se entender os meandros do imaginário do perfeccionista. Ele quer que tudo seja segundo sua vontade e seu pensamento. Dessa forma, a busca do requinte pode revelar inconscientemente um subterfúgio para não fazer a tarefa.

Se a pessoa fosse mais saudável, diria que não faria tal atividade; mas se for mais atrapalhada e confusa com suas emoções, poderá agarrar-se à busca da perfeição, o que a levará a não fazer a tarefa. Pense nisto! O ser humano não é

---

[3] https://www.youtube.com/user/Psicobreve

nada lógico! E os perfeccionistas são pessoas muito competentes em ponderar, argumentar, mas com pouca vontade e capacidade de ouvir.

Os excessos de disciplina, cobranças e combinações fazem parte da personalidade desses indivíduos. Se você combina algo, como um horário, o atraso de cinco minutos pode ser sentido por ele como uma grande desconsideração. Não tolera que um copo usado não seja lavado imediatamente. O tubo de creme dental não fechado pode ser motivo para separação. Para ele, a vida só tem um caminho; e a verdade é aquela que é enxergada através de sua lupa.

Podemos considerar outros sentimentos que essas pessoas desenvolvem em relação a si mesmas. É bem provável que elas escondam, nos porões de seu emocional, inseguranças, ideias de que não serão valorizadas e de que nada que façam será admirado pelos outros. Não entregam o que deveriam entregar, e essa atitude tende a despertar no outro frustração, irritação e descontentamento, em vez de admiração. Logo, cria-se um círculo vicioso sem fim – a não ser que recorra à intervenção e à ajuda de um psicoterapeuta. Remédio não ajudará a interromper esse circuito, a não ser para diminuir a ansiedade em relação à sua maneira de agir.

É difícil vir um elogio dessas pessoas. Trabalham com uma luneta, para encontrar defeitos alheios – e sempre apontarão o que falta, mesmo que 99% estejam bons. Dá para afirmar que são uns castradores de suas capacidades e realizações. A relação com eles também será complicada, pois quem os cerca cansa de suas exigências. Resultado: afastam-se ou brigam. É impossível um perfeccionista ser criativo, pois a criatividade passa por certa permissividade de pensar, experimentar, mudar, errar, fazer diferente do convencional. Na vida afetiva, terão dificuldades de mostrar seus afetos. Tendem a ser pouco carinhosos e amorosos. São mais objetivos e pragmáticos no trato da relação a dois.

Em determinados momentos, em tarefas muito específicas e repetitivas, pode ser que esse comportamento se encaixe, dê resultados positivos. Falo de serviços como controlador de voo, piloto, técnico de segurança, funcionários que lidam com esterilização de materiais, ou seja, em funções em que é necessário ater-se a protocolos rígidos, com elevados padrões técnicos e qualidade impecável.

É importante informar que pessoas com transtornos obsessivos são perfeccionistas. Nesses casos, podem ter associados outros sintomas relacionados com rituais obsessivos-compulsivos.

Por que somos tão intolerantes?

Abra o jornal e leia todas as manchetes. Ligue o rádio e a TV. Certamente, você encontrará uma boa quantidade de notícias que envolvem intolerância. Sobretudo nas seções de política e policial. É no trânsito, em escolas, nos parques, no futebol, em relação à identidade sexual, entre vizinhos e mesmo dentro dos lares. São diversos os casos de brigas, discussões, desavenças e até mortes que decorrem da falta de diálogo, da incapacidade que as pessoas têm de tolerar umas às outras e de tolerar situações adversas, que lhes desagradem.

Este texto surge de uma entrevista que dei no Jornal do Almoço (RBS TV, Porto Alegre), em função de ocorrências de intolerância. Foi em março de 2016, mas eu poderia dar essa entrevista a qualquer dia, pois em todos há casos similares. E isso acontece pelo simples fato de que somos, por natureza, seres ranzinzas, irritadiços e cobradores. Para começar, o ser humano é intransigente consigo mesmo, pois exige demais de si, está sempre se cobrando, culpando-se, o que acaba acarretando estado de ansiedade constante.

Todavia, repetimos esse padrão em casa, no trabalho e até mesmo no lazer, com os amigos. Meu time de futebol é o melhor e por ele posso até envolver-me em brigas de bar. Meu partido político é o mais decente e defenderei isso nas ruas, brigando inclusive com parentes. Alguns acham que a sua religião é a única que faz sentido; as outras seriam inimigas. E por aí vai. As redes sociais entram a todo momento nas intimidades, no descanso, no lar, semeando intrigas e podendo causar estragos nas emoções.

A intolerância está muito ligada à maneira de pensar e entender o que se passa dentro e fora de cada um de nós. O ponto de partida de tudo isso são as crenças. Somos movidos e guiados por concepções, preconceitos, pré-juízos, ou seja, por ideias preconcebidas e arraigadas no nosso imaginário. Diante de um fato, uma discordância, uma atitude, uma palavra, podemos reagir mais por impulso do que pensando sobre o que estamos vendo e sentindo. A intransigência tem relação direta com a forma como lemos o que aconteceu, como interpretamos e sentimos – e não necessariamente com o acontecido ou o fato em si. Em outras palavras, vale mais a interpretação do fato do que o fato em si. Incrível, não!?

Não ignoremos que é muito difícil, no momento de tensão, irritação ou ansiedade, buscarmos em nossa mente um recurso mais saudável e refinado, antes de uma ação intempestiva. Se nos achamos onipotentes, no sentido de que podemos tudo, o risco de sermos inflexíveis aumenta. O grandioso, que se acha mais do que os outros, também será um sujeito com tendências fortes para a intolerância.

Percebam que, nesses dois últimos parágrafos, aponto mais meu olhar para aspectos intrínsecos ou inconscientes das pessoas, e não para o que se passa fora, no mundo externo. Certo! Precisamos dessa subjetividade ou reflexão para entender melhor o funcionamento dos indivíduos que se portam como donos da razão e da verdade.

Essa condição se agrava especialmente em decorrência do que vivemos no Brasil nos últimos anos. A população, em geral, está muito descrente, porque se viu desamparada e traída de diversas formas justamente por aqueles a quem lega seus cuidados. Ou seja, nossos representantes na gestão pública, nos tribunais e nos parlamentos estão sistematicamente deixando de fazer aquilo para o que foram empossados e vivem a locupletar-se e tirar o melhor de seus cargos, a todo e qualquer custo. Em tempos de internet e imprensa mais dinâmica, acompanhamos esses movimentos em tempo real.

Talvez o grande caldo de cultura que gerou e alimentou a alma dos intolerantes possa ter começado dentro de suas próprias famílias. Pais truculentos, abusivos, violentos, que geram um sentimento de vazio e abatimento nos filhos. Situações de muitas privações na infância. Essas experiências nocivas podem ser a base desses sujeitos intransigentes. É como se, diante de qualquer experiência em que se sintam maltratados, viessem à tona os sentimentos reprimidos das vivências da infância.

Assim sendo, nossa intolerância pode aumentar na proporção de nossa revolta. O problema é que sempre tendemos a buscar os culpados por nossa justificada inconformidade. Atualmente, temos um grande número de personagens reais para depositarmos nossas frustrações. Então, quando estamos na fila do supermercado e quem está à frente se demora, quando nos sentimos desrespeitados no trânsito, quando algum familiar fala algo que nos desagrada, toda a indignação represada vem à tona. Evidentemente, nesse momento não nos lembramos do que está por trás do acesso de intolerância raivosa.

O sujeito intolerante por excelência não deixa de ser um ditadorzinho, no sentido de não respeitar o direito à opinião dos outros, ao agredir alguém que age ou pensa de uma forma com que não concorda. Enfim, é complicada e difícil esta *vidinha*, mas vamos em frente, pois precisamos vivê-la.

Para combater isso tudo, a fórmula é muito simples – e se resume a um verbo: **pensar**. É essa capacidade que nos distingue uns dos outros. Como cada um constrói a sua capacidade de pensar? Evidentemente, reagimos diante de várias situações do cotidiano. Antes da reação propriamente dita, sentimos, percebemos, e esses estímulos deveriam passar pela razão, que é o pensar. O problema é que muitas vezes reagimos e depois pensamos. Assim são muitos dos humanos. É preciso refletir, estar sempre se policiando, controlando a si mesmo. Se você quer ser intolerante com algo, que seja com a sua própria intolerância. Pensamentos podem fugir de nosso controle; mas as ações, não. Estas podem ser moldadas por nosso caráter, nossas percepções e a atenção constante que damos aos impulsos que brotam internamente.

Por favor, não se esqueçam de que, quando bebemos ou usamos outras drogas, a intolerância, com certeza, multiplicar-se-á por cem, e perderemos a capacidade de lidar com ela; ou seja, ela esmagará a nossa razão, o pensar, a inteligência, a cultura, a religiosidade etc. Quando digo beber, não é necessário beber de cair ou encher a cara. Algumas canecas de chope ou uma dose de destilado já podem mudar a capacidade de perceber e reagir.

Em suma, a intolerância faz parte do imaginário do ser humano. Não tem como não sermos portadores de algum grau desse azedume. O quanto agiremos com intolerância diante dos fatos da vida dependerá de nosso emocional ou inconsciente, o quanto ele é mais ou menos saudável. O intolerante se aborrece e pode brigar com o mundo, porque ele é muito rígido, cobrador e intransigente consigo mesmo. Dessa forma, tenta livrar-se das angústias colocando-as para fora, descarregando-as nos noutros; porém, isso não trará resultados, pois tudo retorna para o sujeito.

Definitivamente, a construção da intolerância se desenvolve e se constrói mais no nosso mundo interno, emocional ou psíquico. O fato gerador da intolerância servirá como um gatilho, que gerará reações, muitas vezes, fora de propósito. É frequente, passado o episódio traumático, a pessoa repensar e não ficar agradada com a atitude que apresentou.

A vida está
te tratando mal?

Certo dia, conversava com um amigo aflito. Sua esposa não desejava manter o casamento. Falava de uma forma triste, como quem carrega grande desalento. Evidentemente, separações sempre são sofridas, mesmo para quem toma a iniciativa. Algumas podem ser muito traumáticas. Fiquei ouvindo suas chateações, tristezas, indignações e irritações.

Mas o que mais me chamou a atenção foi o sentimento de que estava sendo injustiçado. Durante todo o seu longo relato, essa nota era a mais ressaltada. Dizia que, em quinze anos de casado, doara-se sobremaneira à mulher, o que o fazia simplesmente não entender o motivo de ela não ter mais vontade de viver com ele. Pensava que, após tanta dedicação, apenas uma pessoa muito injusta e ingrata pensaria em abandoná-lo.

"Sempre fiz de tudo por ela. Ajudei-a a estudar, dando-lhe suporte intelectual, financeiro, apoiando e 'bancando'. Buscava e levava aonde quisesse ir. Conversava, ouvia, dava carinho, enfim, tudo que pude fazer, eu fiz. Pagava suas contas. Quando saía com as amigas, também me colocava disponível para o traslado." Eram mais ou menos esses os termos utilizados.

Percebi no seu relato que ele utilizou no seu casamento uma estratégia subliminar e inconsciente, aparentemente amorosa, para controlar os passos de sua esposa. É como se a companheira estivesse algemada a ele. De fato, tentava controlar a vida dela, disfarçando isso com o manto do amor. Essa postura propiciava uma sensação de fragilidade na mulher; ou seja, ela jamais poderia pensar em viver sem a proteção dele. É claro que tudo era feito na calada do seu imaginário, para garantir que nunca seria abandonado pela esposa, aparentemente submissa, frágil e dependente. Porém, como já sabemos, seus estratagemas não deram certo...

Depois de muito falar, de muito argumentar em favor de suas qualidades, de dizer (com outras palavras) que não era justo a esposa abandoná-lo, ele me olhou com cara de interrogação. É evidente que esperava minha concordância. Provavelmente, imaginava que os amigos "são para dar força, em qualquer situação", de modo que eu deveria ficar no lado do aparentemente injustiçado.

Fiquei pensando e respondi da maneira mais verdadeira possível, fazendo perguntas que eu mesmo respondia, mais ou menos nestes termos:

– Por que você fez tantos sacrifícios por sua esposa? E daí que se doou tanto? Você não fez nada disso por obrigação – nem por necessidade! Você optou, livre e conscientemente, por dedicar-se àquela mulher! Certamente, teve seus motivos! Pelo seu relato, gostava dela, tinha afetos e amores e uma vida sexual prazerosa. Ora, no passado ela não amou você? Aposto que sim! Não correspondeu aos seus sentimentos? Aposto que sim! Não fez concessões e esforços para a relação ser agradável? Aposto que sim!

É claro que o assunto vinha sendo conversado pelo casal. A esposa não acordou, de um dia para outro, com a ideia de separação na cabeça! Ela vinha dando sinais, mostrando certo afastamento, tanto afetivo como sexual, mas ele negava, imaginando que isso passaria. O ponto derradeiro foi quando ela disse que gostaria de viajar com uma colega de serviço, logicamente sem a presença dele.

Falei tudo isso a meu amigo, que foi me acompanhando no raciocínio e, embora um pouco desolado com minhas palavras, aparentemente digerindo minhas ideias. A relação do casal chegara a um ponto em que um dos lados simplesmente não queria mais. Não havia traição, enganos, nada disso. Perguntei-lhe:

– E aí, no momento em que ela quer sair do relacionamento, você se autoriza a apresentar a conta, a fatura de sua dedicação por ela, colocando-a no papel da ingrata?

Outra situação, bem semelhante à anterior. Porém, aqui o interlocutor não estava na posição de quem é "abandonado", mas na de quem "abandona". Após anos de casamento, decidiu sair de casa. Então estava sofrendo uma pressão intensa da companheira. Era algo como: "*Após todos esses anos de amor e dedicação você me deixará!?*". De fato, a postura da mulher começava a surtir efeito. Esse amigo convidou-me para tomar um café e conversar, porque se sentia culpado, queria dividir comigo seus anseios. Estava vendo a si próprio como um traidor, um ingrato.

A mulher dizia que não merecia ser abandonada porque durante anos fizera de tudo por ele, incluindo deixar de estudar e trabalhar para "cuidar dele". Vendo que ele estava caindo nessa esparrela, perguntei-lhe: "Alguma vez você a obrigou a qualquer uma dessas coisas?". A resposta foi: "Nunca".

Por que será que tantas pessoas agem como essa senhora? Como gostaria de ouvi-la e saber da razão de encaminhar sua vida dessa forma... Autorizo-me aqui a fazer algumas reflexões de como funciona o inconsciente dessas pessoas.

A opção de fazer mais pelo outro do que por si mesmo deve ter alguma motivação despercebida no imaginário. Penso que, quando alguém investe mais suas energias para cuidar do outro do que de si, é porque não acha que vale a pena ou não tem desejo de investir na própria vida. Esse tipo de pessoa escolhe, inconscientemente, um ente, um cônjuge, um filho, um colaborador, enfim, para transformar em sua razão de viver e, assim, fica de costas para a própria vida. Também salta aos olhos o desejo de controlar o outro, o que dá uma sensação de poder. Já aquele que é aparentemente submetido também exerce um papel de controlador, mas pela via oposta.

É como se o controlador construísse um muro para encarcerar o sujeito cuidado. Contudo, esse muro pode vir a desabar, fazendo com que o encarcerado fuja do cárcere. É quando o carcereiro percebe que ele também estava dentro da fortaleza; porém, pensa que não saberá viver fora dela.

Não estou desdenhando do casamento e não aplaudo as separações, *a priori*. Sei do sofrimento que ocorre nessas ocasiões. O que quero compartilhar aqui é essa postura do suposto injustiçado, que tenta transformar um vínculo amoroso em um contrato, em que uma parte fez mais e deve ser recompensada.

Ora, uma relação deveria ser regida por afetos, amores; chantagens emocionais e cobranças indevidas e despropositadas não podem fazer parte.

Esses exemplos servem para ilustrar uma verdade dura: a vida como ela se apresenta, "a vida como ela é" (diria Nelson Rodrigues). Somos responsáveis por nossos atos e por nossas escolhas. Praticamente não há situação em que não somos os responsáveis – diretos ou subsidiários – por algo que nos acontece ou que nos fazem, mesmo quando aquela pessoa tão querida decepcionou você amargamente. Pense bem. Provavelmente, essa decepção tem mais a ver com uma expectativa exagerada que você mesmo criou do que com uma falha da pessoa, objeto de sua projeção.

Tendemos a acreditar que nossos sofrimentos e nossas devoções obrigam nossos parentes e amigos e o universo inteiro a nos jogar confetes, a nos render homenagens e a nos pagar tributos. Nada disso! Não raro, porém, sofremos por isso em silêncio. Aquele amigo a quem oferecemos o ombro na hora da dificuldade agora não retribui a disposição; a mulher que foi presenteada de forma generosa oferece de volta não mais do que uma lembrancinha... Ó, quanta injustiça!

Era esse o sentimento de um casal que certa vez me procurou. De origem humilde, os dois esforçaram-se muito para dar instrução e a melhor vida possível aos filhos. Felizmente, um dos filhos logrou êxitos na vida. Formado, conseguiu um bom emprego, casou-se e passou a curtir a vida, incluindo viagens com a esposa. Depois da primeira viagem, em que o jovem saíra pelo mundo a aproveitar a condição que galgara, os pais passaram a manifestar forte ressentimento.

Inicialmente, diziam sem dizer; depois, começaram a declarar explicitamente ao filho o sentimento de injustiça que os acometia. "*Como assim sairia pelo mundo se divertindo e sendo feliz, e acompanhado da mulher, enquanto nós, após uma vida de sacrifícios, ficaríamos em casa, envelhecendo?*" Ora, o rapaz não abandonou os pais; apenas estava vivendo a vida.

Ele poderia, além da ajuda financeira e da atenção que já dispensava aos pais, levá-los juntos em alguma viagem? Talvez sim, mas nada o obrigava, de modo que exigir-lhe isso era um exagero. Poderíamos imaginar que essa dedicação dos pais ao filho não se dera por uma razão amorosa, mas por algo bem pragmático. Como se fosse um investimento, para cobrar a conta no futuro.

Quantas vezes escutamos alguém dizendo: *"Fulano me sacaneou, me passou para trás"*. Geralmente, a realidade é outra. Espero que não se aborreçam com o que digo aqui. O fato é que nós facilitamos ou criamos as condições propícias para sermos sacaneados. Vou dar meu próprio testemunho. Sempre que entrei numa fria ou que me passaram a perna ou me sacanearam, existiu uma participação ativa ou passiva de minha parte. Quando percebo que ajudei a ser sacaneado, me chateio, mas também me acalmo, pois de nada adianta ficar com raiva do contraventor.

Se acreditarmos que fomos sacaneados, passados para trás, injustiçados, a vida ficará sempre em dívida conosco – um débito que jamais será pago. Logo, o ressentimento, o queixume, se transformará em sintomas psiquiátricos, como abatimento, tristeza, ansiedade, insônia, irritabilidade e agressividade. O sujeito sentir-se-á adoentado; porém, não haverá remédio que o tirará desse mal-estar.

Em todos os casos que apresentei aqui e em inúmeros outros, o problema é sempre o mesmo: pessoas com um sentimento desproporcional de injustiça, de que são credoras e tudo o mais – o mundo, a vida, as pessoas lhes deveriam atenção, recompensas e justiça. A vida não é assim.

Também, podemos adoecer e achar que não merecíamos isso, pois sempre fomos bons, caridosos, leais, éticos etc. Ora, a vida segue seu rumo, sem importar-se com o que pensamos e esperamos dela. Para as pessoas que não tiveram capacidade ou cabeça para cuidar bem de suas vidas, é preciso dizer a verdade: **a vida não lhe deve nada.**

Conhece-te a ti mesmo

É preciso, é recomendável para sua vida e para sua saúde psíquica, que você tenha mais intimidade consigo próprio. Como? Desenvolvendo seu lado emocional, contemplando suas questões internas e aguçando as percepções que você mesmo tem a respeito daquilo que se pode chamar de alma, emocional ou inconsciente. É preciso saber que existe um "mundinho" dentro de cada um de nós, que pode ajudar ou atrapalhar o nosso cotidiano, e que costuma ser bem secreto. Quem desenvolver essas habilidades terá também mais competência para perceber a subjetividade, as mensagens subliminares das relações em geral.

É comum que as pessoas busquem desenvolvimento e sucesso profissional, tornando-se aquilo que chamamos de bem-sucedidas. E quais são os principais caminhos para isso, para o sucesso e a relevância em meio a coletividades que queremos que nos reconheçam?

Uma possibilidade é ser competente para fazer negócios e ganhar bastante dinheiro. Outra via é o caminho intelectual, cognitivo, que depende de nossa inteligência, do quanto estudamos, do quanto lemos e nos dedicamos para crescer intelectualmente. Assim, vamos adquirindo e demonstrando propriedade e autoridade sobre os temas que nos interessam; temos algo a dizer ou a fazer em relação a essas questões e, então, teremos reconhecimento da sociedade. Também poderemos receber boas remunerações e o tão almejado ganho financeiro. O mundo olhará para você e verá o que você tem, onde você está, o que você conquistou.

Já o outro caminho é um tanto mais tortuoso, menos facilitado – mas de resultados mais consistentes e que poderão fazer nossa vida ter mais sentido. Falo das nuanças da vida emocional. É dessa maneira que poderemos nos diferenciar do ponto de vista de termos mais consistência interior e nos percebermos com mais saúde mental. O desenvolvimento e a intimidade com a vida emocional não são tão acessíveis, se comparados com o desenvolvimento intelectual e financeiro.

Se quisermos conhecer mais dos matizes de nossa mente, iremos nos deparar com menos recursos disponíveis, pois poderemos precisar de interlocutores que possam abrir as comportas do nosso inconsciente. Não aprendemos isso na escola, nos livros, na mídia ou em programas de saúde mental oferecidos pelos órgãos públicos.

Bem, a ideia de escrever este livro vem justamente do desejo de transferir um pouco de intimidade, de conhecimentos, traquejos e ferramentas para lidarmos melhor com nosso emocional. Outras maneiras de trilhar esse caminho são a poesia, a literatura, a leitura e as psicoterapias; ou, ainda, partilhar percepções com um bom amigo, que tenha sensibilidade e percepção com a vida emocional.

Tanto a inteligência cognitiva (ou intelectual) como a emocional são importantes para todos nós. Porém, a última terá mais relevância para o conforto e a serenidade de nossa alma. Se não a temos bem resolvida, de nada adiantará desenvolver proficiências várias, pois não saberemos como utilizá-las ou não tiraremos delas o que há de melhor. Nenhum conhecimento e nenhuma conquista material é capaz de contemporizar um sofrimento emocional. Contudo, é isso que poderá dar sentido para tudo, ganhar dinheiro, ter poder... Assim, será possível sentir-se bem e curtir a vida conquistada.

Por exemplo: diante de uma perda, de um luto, sugerir que o enlutado viaje para o exterior, use seus recursos financeiros para comprar bens interessantes, não trará um alívio para sua dor. O que poderá superar esse sofrimento é a capacidade de introspecção, reflexão e de ter intimidade consigo mesmo e com os seus pares.

Compreender isso tudo faz uma grande diferença no dia a dia, tanto nas tarefas e nos desafios mais grandiosos como nos mais simples. Se tenho bem resolvido comigo mesmo quais são minhas limitações e minhas capacidades, não me deixarei abalar caso alguém tente depositar em mim suas frustrações. Um chefe mal-humorado pode tentar abalar a paz de um bom funcionário, sendo rígido com ele ou culpando-o por algo que não fez. Contudo, se esse colaborador tiver mais intimidade com sua vida emocional, poderá perceber o quanto seu chefe está atrapalhado e tentando colocar nele um ranço que não faz sentido e que deve ser do próprio chefe. Essa percepção ajuda a pessoa a não se abater com a maluquice alheia. Esse exemplo vale para pais, filhos e cônjuges que tentam depositar suas angústias e frustrações nos que os cercam.

Aí você me dirá: *"Mas e como fica minha dignidade, meu recato, minha estima diante desses abusos?"*.

Ora, ora! Isso não tem nenhuma relação com estima. Se você perceber que o problema é do outro, e não seu, sua dignidade não será arranhada! Se você perceber que o outro está tentando depositar em você algo que não lhe pertence, sua possibilidade de estressar-se diminui. Logo, terá condições de abordar o assunto sem nervosismo e mostrando sua percepção sobre o que está ocorrendo.

Um exemplo pessoal: o trânsito. O trânsito pode me trazer conflitos e dissabores. Pode irritar-me, fazer com que eu perca a cabeça, com que a ira apareça de maneira incontrolável. Ou não! Diante das emoções descritas acima, tento rapidamente recompor meus pensamentos e abortar alguma ação de risco. Como faço? Penso que já fiz coisas parecidas com a que está me aborrecendo – e também imagino que a pessoa imprudente não tomou aquela atitude contra mim diretamente. Logo, não tenho nada a ver com isso. Pensar assim, de um modo que, aliás, corresponde aos fatos, costuma me acalmar, pois não me deixo contaminar com o fel alheio.

O desempenho sexual – ou a libido – é muito sensível a qualquer inquietação psíquica. Se estamos minimamente aborrecidos com o parceiro, ou conosco, a chance de repercutir negativamente no nosso desempenho sexual é altíssima. O homem tem a possibilidade de tomar Viagra, mas a ereção poderá não surgir, pois o problema está não no pênis, mas na cuca.

Somos passíveis de desconfortos emocionais inesperados e desconhecidos. Há sempre algum grau de ansiedade, apatia, tristeza, irritabilidade, noites maldormidas etc., tudo sem que se caracterize doença psiquiátrica. Tendemos a querer nos livrar o mais rápido possível dessas vivências. Quais as maneiras mais frequentes usadas, e as mais inadequadas, para dar cabo a esses mal-estares? Beber ou tomar um tranquilizante, tipo faixa preta. Porém, quem tem mais intimidade consigo não precisará usar desses artifícios, pois buscará dentro de si as respostas para essas angústias. Esse é o grande sentido de você ter intimidade consigo.

Lembro-me de uma situação ocorrida com um grupo de psicoterapia que realizava na Santa Casa de Porto Alegre, com os pacientes do SUS. Antes de iniciar a sessão, os pacientes ficavam numa pequena fila para renovarem as receitas dos medicamentos que usavam. Num dia, uma moça resolveu furar a fila. Eu, prontamente, disse que deveria aguardar no final da fila, que logo seria atendida. Dirigiu-se para a fila e, ao se posicionar no último lugar, desmaiou. Caiu no chão, mas sem machucar-se. Houve uma correria e preocupação dos outros pacientes, mas eu os acalmei dizendo: "Não se preocupem que logo ela se acordará e levantará!". É claro que eu conhecia um pouco de seu funcionamento psíquico. Era muito mimada pelo pai, ao ponto de sentarem no grupo de mãos dadas, como se fosse uma criancinha indefesa. Depois de alguns poucos minutos, levantou-se e ficou na fila.

Depois conversamos na terapia de grupo sobre o ocorrido e o que significava aquele desmaio. Ficou clara a irritação comigo, que não a tratei como a filhinha dileta, não dando preferência para ela, em detrimento dos outros pacientes. Ao desmaiar, inconscientemente, desejava que eu fosse acudi-la e deixasse de dar atenção aos outros. Depois desse encontro, e com intervenção terapêutica do grupo, essa moça pôde ter mais capacidade para controlar seus desejos e, diante de frustrações, usar outros recursos mais saudáveis do que o desmaio. Esse é mais um exemplo de que a intimidade com nossos sentimentos, com o emocional, fará muito bem para nossa vida.

Se tivermos essa intimidade, com certeza estaremos mais instrumentalizados para trilhar uma vida menos sofrida do ponto de vista psíquico, podendo seguir na contramão da **arte de ser infeliz**. Pensem nisso.

Déficit de atenção e hiperatividade

Uma preocupação muito recorrente entre pais de crianças e jovens em idade escolar e entre meu público no Facebook e no YouTube se refere ao transtorno de déficit de atenção com hiperatividade (TDAH). É um diagnóstico feito com frequência crescente nos pequenos e mesmo entre adultos, no Brasil e no mundo todo.

Diferentemente de outras especialidades médicas, a psiquiatria não conta com exames precisos para fazer diagnósticos. O uso de exame radiológico, ressonância magnética, tomografia cerebral, exames de sangue, cintilografias e eletroencefalograma não ajuda na realização de diagnósticos psiquiátricos. Os nossos diagnósticos são feitos, basicamente, na conversa com pacientes e com familiares.

Percebam o nome dado a esta síndrome: **déficit de atenção com hiperatividade**. A falta de atenção que a criança apresenta para estudar, concentrar-se e acabar tarefas deve estar associada à hiperatividade, bem como à inquietação, à agitação motora, à falta de paradeiro e ao desassossego físico. A informação dos pais e dos professores é precisa quando a criança apresenta essa patologia. Não fica quieta na sala de aula, fala sem parar, atrapalha os colegas, não escuta as orientações etc. Em casa não é diferente: é agitada e apresenta dificuldade para escutar orientações e cumprir tarefas.

O que observo atualmente são pacientes queixando-se de falta de concentração e de problemas de atenção e memória, tanto em crianças como em adultos. Quem não percebe, em algum momento, que anda com pouca concentração? Nosso contexto social e laboral estimula a baixa atenção e concentração, pois somos bombardeados com várias demandas. Estamos lendo, olhando WhatsApp, vendo um jogo na TV e falando com um amigo, tudo ao mesmo tempo. É difícil manter a concentração em alto nível em tantas tarefas. O que se observa frequentemente são pessoas calmas e desatentas.

Percebemos um grande salto no número de crianças, no Brasil e no mundo ocidental, diagnosticadas e tomando medicação em função do TDAH. Existem psiquiatras, tanto aqui como nos Estados Unidos, questionando e criticando o que dizem ser um excesso de diagnósticos. O problema é que, na esteira de um diagnóstico mal efetuado, vem a indicação de medicação psicoestimulante – a mais conhecida é a Ritalina.

A grande questão a se considerar é o quanto os sintomas apresentados pelas crianças podem ser decorrentes de desajustes de origem psicológica ou emocional, originários de conflitos familiares, geralmente entre os pais. A criança é muito perceptiva em relação aos sentimentos, às confusões e às desordens emocionais no seio da família. Muitos pais discutem, tratam-se mal, são grosseiros e imaginam que, se não brigarem na frente da criança, ela não perceberá os desajustes da família. Ledo engano. Ser criança não é ser idiota ou ter um retardado mental.

As crianças são mais perceptivas do que os adultos em relação à vida emocional. Em muitos casos, a criança apresenta algum abatimento, desinteresse, apatia e consequente falta de atenção – não porque está com uma doença mental, mas por sentir o clima pesado dentro de sua casa. Não é incomum ver crianças agitadas, dispersas, irritadiças, apresentando tudo que alguém com déficit de atenção e hiperatividade tem. Possivelmente a causa pode ser emocional.

O imaginário dos pequenos é robusto, criativo e perceptivo. São capazes de imaginar que os pais brigam porque eles não estão se comportando bem, por exemplo. Dessa forma, sentem-se culpados pelas brigas do casal. Além disso, o adoecimento emocional da criança pode ser uma maneira inconsciente de atrair para si a preocupação da família, tirando-a das desavenças dos genitores. Seria quase uma solução mágica. É como se salvasse o casamento – "Agora eles se chateiam comigo, não mais entre eles".

A criança começa a ficar doente psiquicamente. Pode ter medo de dormir sozinha, volta a urinar na cama, tem medo de ir para a escola, fica agitada e sem concentração. Dessa forma, o foco de preocupação se dirige para ela, e não mais para o conflito dos pais. Entretanto, isso não resolverá os conflitos dos mais velhos; ao contrário, poderá desestabilizar ainda mais a família já fragilizada.

Assim, ficará a impressão de que a criança tem déficit de atenção e é hiperativa, quando, na verdade, está tão somente reagindo ao contexto em que está inserida. Em verdade, ela age como uma sentinela, emitindo sinais quando há um perigo se aproximando. Se há conflitos familiares sérios e constantes, a criança será a primeira a dar sinais – por meio de desajustes escolares, alimentares e de sono, que são representantes dos seus conflitos emocionais.

Para os pais, pode ser um alívio irem todos a um psiquiatra infantil e saírem de lá com um diagnóstico, uma medicação e a ideia de que os problemas se resolverão dessa forma objetiva. Seria mais complicado e embaraçoso se esse profissional dissesse que a criança está atrapalhada pelos conflitos familiares. Nesse caso, o tratamento de fato seria com os pais, em uma psicoterapia, e não com a criança como alvo isolado de tratamento.

Também devemos considerar o déficit de psicólogos e psiquiatras com habilidades e treinamentos adequados para avaliar e fazer psicoterapia em crianças. Essas dificuldades são grandes no SUS e em planos de saúde. Então, sem a *expertise* para a abordagem correta, recorre-se à simplificação: medicar. Outro aspecto relevante se relaciona com a socialização da medicina. Os planos de saúde pagam baixos preços às consultas psiquiátricas e menos ainda para as psicoterapias, o que estimula atendimentos rápidos e o uso de medicação. As psicoterapias são mais trabalhosas, e o atendimento necessita de mais tempo para avaliação e acompanhamento do paciente.

O tratamento principal deve ser na família, no foco dos conflitos, não apenas na criança. O diagnóstico errado, apressado, que analisa apenas os efeitos, pode levar a uma incompreensão de que a criança tem TDAH. Por isso, é fundamental estarmos atentos principalmente às causas, percebendo o que está por trás da agitação, das dificuldades de concentração.

É importante o diagnóstico do TDAH. Ele tem origem em problemas bioquímicos ligados ao funcionamento do cérebro; ou seja, é uma doença de base orgânica ou física. A identificação e o tratamento do TDAH nas crianças evitarão uma série de outros problemas, uma cadeia de inadequações e desassossegos na vida adulta.

Sabemos que o TDAH não conduzido adequadamente com medicação poderá trazer dificuldades de aprendizado à criança e distúrbios nas relações com seus pares. Se não tratado, esse transtorno pode transformar-se em outras doenças na adolescência e na vida adulta. Há critérios claros que comprovam o aumento do uso de drogas, impulsividade e transtorno de humor. Estima-se que 40% dos adultos terão sintomas da doença se não tiverem sido tratados na infância. Os adultos têm sintomas parecidos com os das crianças, porém menos intensos. Também podem apresentar altos e baixos no humor, pavio curto, impulsividade e desorganização.

Para tranquilizar os leitores, devo dizer que um psiquiatra infantil bem treinado saberá distinguir entre problemas emocionais da criança que apenas parecem TDAH e a doença neurológica e bioquímica propriamente dita. Outro dado interessante é que, na dúvida no diagnóstico, os psiquiatras podem fazer um teste terapêutico, utilizando a medicação por algumas semanas. Dessa forma, o diagnóstico poderá ser mais claro e efetivo, resultando na melhora ou não dos sintomas.

Quando o emocional "nos passa a perna"

Quando se fala em doença mental, logo pensamos em situações sérias, como loucura ou psicose, doença bipolar, depressão grave, dependência química ou síndrome do pânico. Esses diagnósticos são mais conhecidos e impactantes. Causam sofrimento e entraves importantes na vida dos pacientes. São casos em que existe uma clara limitação, um sofrimento permanente que faz com que os pacientes e os familiares busquem ajuda.

Mas existem, ainda, outros problemas psíquicos mais sutis, mais nebulosos, dos quais muitas pessoas podem sofrer, mas sem perceberem claramente sua origem. Por mais absurdo que possa parecer à primeira vista, o fato é que praticamente não há quem seja imune a algum tipo de sofrimento emocional, temporário ou persistente.

Existe, em cada um de nós, uma luta interior, inconsciente e permanente entre os desejos e as repressões a eles, gerando o que chamamos de conflitos psíquicos. Além da repressão interna, também temos a cultura, a moral e as leis que tentam sufocar os ditos desejos.

Esses desejos podem estar ligados a coisas que não são aceitáveis no convívio social. Trapacear, mentir, roubar, ter fantasias sexuais inconvenientes, não cumprir tarefas prometidas, sentir raiva, não pagar uma dívida, ter vontade de matar um desafeto. Os sonhos também representam desejos inconscientes reprimidos. Nessa luta constante e incessante, surgem muitos dos sintomas que abalam a mente.

Os conflitos psíquicos se transformam e surgem no nosso cotidiano por meio de muitos sintomas – ansiedades, medos, depressão, raivas, irritações, insônia, somatizações, obsessões, apatia, dificuldades de aprendizado e problemas sexuais.

Perceberam o potencial de nosso inconsciente para nos causar problemas? Então, cabe a pergunta: **Como atestar com clareza para os leigos no assunto a presença do inconsciente?** Resposta: preste atenção nos sonhos, nos atos falhos e nos sintomas de origem psíquica.

Nos sonhos, é frequente a presença de fortes ansiedades ou vivências de desastres e mortes iminentes, que podem nos acordar na calada da noite. Os sonhos são sensações e vivências sem pé nem cabeça. Aparecem disfarçados, segmentados, atemporais e incompreensíveis. Não devemos nos assustar com eles, mesmo quando trazem muito sofrimento (caso dos pesadelos). Sonhos ruins não são sinal de perigo ou maus presságios. Pode-se sonhar com gato preto, morte e desastres que, tranquilamente, a vida continuará sem risco. A não ser que, depois do sonho, você se descuide ou faça alguma bobagem.

Várias vezes repetirei neste livro que a psiquiatria é uma especialidade da medicina que anda no escuro, pois não temos exames que nos ajudem a fazer um diagnóstico preciso. Entender o que acarreta o sofrimento emocional dependerá da competência do profissional ao avaliar o paciente ou conversar com familiares. Devido a essa subjetividade, poderemos ter diagnósticos e entendimentos distintos entre um e outro psicoterapeuta ou psiquiatra a respeito do mesmo paciente.

Para que você entenda como nosso inconsciente ou imaginário pode nos criar arapucas, relatarei algumas situações.

Um jovem apresentava competência na vida acadêmica, em sua carreira profissional, nas relações de amizades e nas amorosas. Porém, de repente, começou a perder o interesse por suas atividades e a afastar-se das pessoas e do trabalho. Havia procurado um psiquiatra e passou a fazer uso de remédios, mas sem resultados.

Relatou que começou a sentir-se estranho após a saída do pai de casa, com quem tinha uma péssima relação. O pai passou a viver com outra mulher; a mãe ficou muito mal com a separação e se deprimiu, ficando muito tempo na cama, chorando e culpando o pai pela vida sem qualidade que passou a levar.

A mulher debitou na conta de seu ex-marido toda a sua infelicidade, como se fosse uma inválida ou uma criancinha abandonada.

Ficar mal na cama reforçava a ideia de que alguém teria de cuidar dela. O filho, que também via o pai como o culpado da situação, sentiu-se responsável por reabilitar a mãe. O que aconteceu? Ele começou a perder a capacidade de cuidar da própria vida. Ficou também um tanto abatido e sem energia. Dessa forma, autorizou-se a ficar grudado na mãe, que se sentiu melhor com o filho ao seu lado.

É evidente que o rapaz poderia e deveria dar um suporte para sua mãe, mas sem jamais descuidar de si mesmo. Na medida em que se deu conta da construção desse adoecimento sutil ou inconsciente, passou a trabalhar na construção de uma relação diferente com a mãe e também com o pai. Percebeu que a separação não foi nenhuma catástrofe, apenas um acidente sem vítimas.

Uma outra situação ocorreu num voo. O passageiro sentado ao meu lado, quando soube que eu era psiquiatra, me contou a história de um amigo que não conseguia mais exercer suas atividades laborais. Esse amigo decidiu trabalhar por conta própria, mas sua esposa se colocou contrária ao plano, pois queria a segurança do salário no fim do mês. O casal teve algumas discussões, e o amigo cedeu à vontade da mulher. Continuou no mesmo trabalho, mas começou a apresentar sinais de pânico quando chegava ao local de sua atividade. Começou a tomar remédios, mas seguia mal.

Eu disse para meu vizinho de poltrona que o problema a ser tratado não era o pânico, mas o conflito com a esposa. Para não ir contra a mulher, o homem se submeteu e, em contrapartida, seu imaginário cobrou a conta, desenvolvendo sintomas do pânico. Não há comprimido que resolva isso! Percebam como é fácil um tropeço subvencionado pelo emocional, pelo lado psicológico.

Chamo as duas situações que acabo de narrar de **adoecimento mental sutil**, posto que foram construídas no imaginário de seus protagonistas sem que percebessem. O rapaz do primeiro caso, para tentar assumir os cuidados da mãe, precisou adoecer. Conforme foi percebendo e incorporando esse novo olhar sobre seu abatimento e sua apatia, foi melhorando sua vida. Com sua melhora, também ajudou a mãe a resolver seu aparentemente interminável luto. Já o marido do segundo evento tinha conflitos com a esposa, e não com o trabalho, como poderia parecer.

Notem como é difícil entender a mente humana e as enrascadas que ela vai criando para todos nós. Nesses casos, a psicoterapia pode ajudar a desvendar armadilhas engenhosas e quase inextricáveis.

Há hoje uma tendência a medicar as pessoas sem prudência e sem critérios. Na grande maioria dos casos, nem são os psiquiatras que receitam, mas outros médicos, como clínicos, ginecologistas, neurologistas e outros especialistas. Os remédios trouxeram grande ajuda na melhora das doenças psiquiátricas. Quando o sofrimento tem base nos problemas existenciais ou emocionais, as medicações pouco ou nada ajudam. Ao contrário, como não são bem indicadas, os sintomas permanecerão, e o paciente poderá ficar com a ideia de que seu problema não tem cura.

Para adoecimentos mentais sutis, nada melhor, mais eficiente e mais eficaz do que entender e tratar o fundo emocional – no caso, por meio de psicoterapia.

Abusos publicitários

Fervilhou há alguns anos, na TV e nos meios de comunicação, uma campanha publicitária de uma marca de roupas íntimas, estrelada por uma modelo famosa. A modelo protagoniza as cenas, em que conversa com o marido, que não aparece nas imagens.

São três cenários:

- No primeiro, a mulher informa que estourou o cartão de crédito do marido e o seu.
- No segundo, avisa que sua mãe passará a morar com eles.
- No terceiro, conta que bateu o carro.

A ênfase do comercial – e o motivo da polêmica – é que haveria dois jeitos de uma mulher falar com o marido: o **errado**, vestida com roupas convencionais, e o **certo**, com roupas íntimas, de forma *sexy*. Houve uma bronca por parte de muitas mulheres que se sentiram menosprezadas pelo comercial.

Não desejo fazer o papel do chato que enxerga coisas onde os outros não as veem, mas destaco aspectos subliminares do comercial, que entendo como abusivos à boa saúde das relações conjugais.

Em primeiro lugar, salta aos olhos que a propaganda mostra uma esposa avessa ao diálogo, que empurra goela abaixo do marido situações já consumadas. As cenas mostram um estereótipo de uma mulher aparentemente descolada, mas que se coloca de uma forma impositiva e desrespeitosa diante de seu esposo.

Vejamos. No primeiro comercial, ela não cuida adequadamente do uso que faz do dinheiro. Gasta sem controle e avisa ao marido que trate de dar conta desses gastos exagerados. No segundo, decide que a mãe virá morar com o casal, sem haver conversado com o companheiro. Mais uma atitude de pouco caso com o parceiro. No terceiro, bem, qualquer um pode bater o carro – não seria necessário vestir-se com uma roupa íntima para esse comunicado.

O comercial sugere que a sedução sexual dá resultados e é um bom caminho para ser seguido pelas mulheres diante de dificuldades na relação conjugal. Na nossa cultura, o corpo feminino é supervalorizado, em detrimento do intelecto, da cultura, dos afetos e do jeito de pensar da mulher. Lembro-me de um ditado que desqualifica o diálogo em favor do sexo, que diz: "Os problemas do casal se resolvem na cama".

É evidente o pouco caso que a personagem da campanha publicitária faz do marido. Este soa na propaganda como um paspalhão, um abobado que aceita esse padrão de vínculo, em que o dinheiro é o elo forte para manter uma relação. A ideia subliminar é que o companheiro aceita relacionar-se na linha do *"me engana que eu gosto"*. É frequente em nosso meio os homens tenderem a escolher a mulher pelo seu corpo e por sua beleza. O inverso também é verdadeiro, mas com sutis diferenças. Muitas mulheres buscam um homem bonito, sarado e que aparente ter dinheiro e poder. Inteligência, afeto, parceria e cultura podem não ser relevantes.

Se a relação do casal se ampara na vida sexual, perigo à vista! O risco de a relação sucumbir é alto, pois logo surgirá outra pessoa no entorno do casal, com mais atrativos sexuais. Um fator de consistência da relação é a capacidade de os parceiros terem intimidade, cumplicidade e serem verdadeiros em relação ao que sentem e pensam.

Mais um problema. O que ficará no imaginário das crianças e dos jovens assistindo a esse tipo de comercial? É possível que pensem coisas assim: "Poderei obter resultados, quando crescer, se oferecer meu corpo nas horas difíceis da vida conjugal? Meu corpo pode ser um instrumento de poder sobre os homens? Para me sentir valorizada, preciso ser uma mulher bonita e atraente?".

É sabido que os abusos sexuais, físicos e morais são fatores que levam ao adoecimento mental. Mas os abusos verbais e os transmitidos pelas imagens também são nocivos.

Diante da "chiadeira" feminina, a agência que criou a propaganda emitiu esta nota na imprensa: *"Fica óbvio que se trata de uma brincadeira, e em hipótese alguma de uma depreciação da figura feminina. Pretende-se mostrar que a sensualidade da mulher brasileira pode ser uma arma eficaz no momento de se dar uma má notícia".*

Ora, nada é óbvio na vida. Brincadeiras também causam grandes sofrimentos e danos na vida das pessoas. Sim, o comercial sugere a depreciação da figura da mulher e também da do homem. O pior: diz a agência que a sensualidade pode ser uma arma eficaz para uma má notícia. Alô, meninas! Larguem os estudos e os sacrifícios para se tornarem alguém; façam logo um curso sobre como usar a sensualidade para subir na vida!

Em verdade, é evidente que, para se dar uma notícia – seja boa ou má –, há somente um caminho: ser verdadeiro, respeitoso, claro e direto. O resto é um grande faz de conta.

Não estou querendo condenar as agências de propaganda. Entendo que os criadores do comercial queriam vender seu produto, e o tentaram de uma maneira que impactasse o consumidor. Contudo, é preciso ter em mente que quem está exposto ao que sai da televisão muitas vezes não tem ferramentas para olhar com mais atenção o que a publicidade oferece. Vivemos a era do consumo, e parece que tudo pode ser feito para se vender algum produto. Não é bem assim. Fiquemos atentos!

Interessante, os homens não se queixaram do conteúdo subliminar dessa propaganda! Talvez grande parte do universo masculino olhe para as mulheres de uma forma desqualificadora...

Como cabe às agências de propaganda divulgarem seu trabalho, visando o consumo da população, cabe a mim, no papel de psicoterapeuta, oferecer ao público o que se esconde por trás de algumas dessas ações. Dessa forma, as pessoas poderão desenvolver a capacidade crítica de não comprarem gato por lebre!

Beber pode
virar doença – alcoolismo

Nós, psiquiatras, temos muitas dificuldades para ajudar as pessoas que usam álcool em excesso e que, por isso, acabam adoecendo. O problema reside no fato de que não há exames que indiquem que o sujeito se tornou dependente do álcool – ou seja, alcoolista. Simplesmente, não há como comprovar para o doente que ele já tem sinais de dependência. Não tem exame de sangue, de imagem ou de fígado nem qualquer outro método para apontar o distúrbio.

Outro fator que dificulta o tratamento de um alcoolista é o fato de ele não se perceber doente, dependente. Percebam como se torna difícil tratar de alguém que não se sente doente. Os médicos não têm nenhuma prova concreta para mostrar a presença da dita doença.

Na psiquiatria não usamos o termo alcoólatra, pois essa palavra remete a alguém que idolatra o álcool, o que não é verdadeiro na vida de um dependente.

Se há um comportamento padrão entre viciados – seja pelo que for – é a compreensão de que podem largar o vício a qualquer momento. A ideia de que se está no controle (que demora tanto a ruir na mente viciada) é especialmente forte entre dependentes do álcool. Estes acreditam que não estão fazendo nada de errado quando bebem; creem que estão se socializando – afinal, bebem "socialmente".

Os subterfúgios são vários e apresentam requintes. Por exemplo: o alcoolista dado à cerveja pensa que não é problemático porque não ingere bebidas mais fortes, como os destilados (cachaça, uísque e vodca). De fato, essas bebidas contêm maiores teores de álcool, mas a cerveja não deixa de alterar o estado de consciência nem de tornar-se um vício na vida de determinadas pessoas. Já os que tomam vinho em excesso se acham diferenciados dos outros bebedores, pois tomam uma bebida mais sofisticada e mais cara.

Esses são alguns dos motivos que dificultam, tanto para profissionais como para familiares e amigos, mostrar a um alcoolista que ele tem um sério problema de saúde. O sujeito se recusa a enxergar o que todos veem, mas não há diagnósticos precisos – de modo que os pareceres médicos são subjetivos, acarretando, aos olhos do doente, ares de meras e desprezíveis opiniões.

Quem primeiro percebe o problema é também quem sofre de forma mais intensa suas consequências: a família do viciado. Por sorte, a maioria das pessoas que ingerem bebidas alcoólicas não chega a ficar dependente.

O alcoolismo é, estatisticamente, a dependência química mais presente na população. Em termos numéricos, as consequências nefastas do abuso do álcool são insuperáveis no que diz respeito a dependência, violência e mortes diretas e indiretas, como em acidentes de trânsito. Danos nas dinâmicas sociais e profissionais e turbulências nas relações matrimoniais e familiares também são recorrentes. Do ponto de vista de gastos governamentais, ganha disparado de todas as outras dependências somadas.

Por que o uso do álcool é tão aprazível? Confesso que a primeira vez que tomei um chope e, mais tarde, um uísque, achei o gosto muito desagradável. Não é porque se trata de algo delicioso, agradável ao paladar, que começamos a beber. O que o álcool faz, em primeiro lugar, é alterar o estado de consciência de uma forma aparentemente proveitosa: dependendo da predisposição do usuário, pode torná-lo mais sociável, mais desinibido, mais desavergonhado, menos deprimido, menos angustiado, mais relaxado. Facilita aos inseguros a aproximação de pessoas por quem se interessem. Enfim, o álcool nos ajuda a nos enganarmos, a ludibriarmos a nós mesmos. Com o tempo, algumas pessoas só poderão interagir socialmente após beberem.

Um sinal evidente da presença de dependência do álcool é a perda da capacidade de controle da quantidade ingerida após começar a beber. O que é isso? São dependentes que podem ficar sem beber quanto tempo quiserem, mas que, quando começam, não sabem beber pouco. Pretendem beber uma, duas ou três latinhas de cerveja, mas tomam muitas. Essa é uma evidência de que a relação com o álcool se tornou doentia.

Nessas pessoas que perdem o controle, observa-se um fenômeno importante: sempre que tentam beber pouco, não conseguem. Não se tem ideia do porquê desse mecanismo; mesmo que fiquem meses sem beber, quando voltam, acabam bebendo muito. Parece que o uso continuado de grandes quantidades de álcool cria uma transformação no cérebro, levando à perda do controle de quanto se bebe. Imaginem se nosso corpo perdesse o controle sobre nossa sede e tomássemos água até termos uma falência do coração...

Temos vários problemas causados pelo uso do álcool, além da dependência descrita acima. Há pessoas que bebem muito pouco e têm reações desproporcionais à quantidade ingerida, ficando agressivas. Chamamos isso de "intoxicação patológica". Há os bebedores "pesados", aqueles que bebem quase diariamente e que, porém, ainda não perderam o controle sobre a quantidade, embora causem estragos de toda natureza no seu entorno.

Na verdade, o álcool é usado por muitas pessoas como se fosse um remédio, como se aliviasse a ansiedade ou o nervosismo e melhorasse o ânimo dos mais abatidos e deprimidos. Alguns começam a beber por perceberem que o álcool ajuda a combater a insônia. Com o passar do tempo, o uso do álcool piora a qualidade do sono, piorando a insônia. Esses seriam os grandes benefícios que buscam a maioria dos que bebem muito.

Benefícios? Na verdade, malefícios...

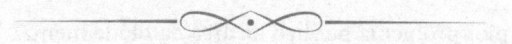

Vamos falar agora da relação dos adolescentes com o álcool. Outro dia, assisti à chegada de milhares de adolescentes a um grande evento musical no litoral norte gaúcho. Talvez 90% deles já estivessem alcoolizados, carregando destilados antes de ingressarem no local do evento. Pensei: "Alguma coisa não fecha na minha observação. Ou o evento é de má qualidade, ou esses jovens não estão se sentindo preparados para essas festas". Fiquei com a segunda hipótese.

Será preciso beber muito para aproveitar uma festa? É claro que não. Ah! Não nos esqueçamos de que os pais desses jovens são coniventes com a ingestão abusiva de álcool. Sempre existe o uso de álcool na casa de algum adolescente antes de saírem para as festas, no dito "aquecimento".

Existem umas máximas ditas por alcoolistas: "Nunca bebi ao ponto de cair"; "Não bebo destilados"; "Bebo quando quero e paro quando quero"; "Nunca deixei de trabalhar por causa do álcool"; "Bebo socialmente"; "Bebo e pago minhas contas"; "Não bebo em boteco". Evidentemente, são frases soltas, que não descaracterizam a dependência dessas pessoas em relação ao álcool.

Precisamos falar nas companheiras dos alcoolistas. Elas costumam se queixar muito das reações dos companheiros quando bebem, porém, é muito comum que bebam junto. Logo, são coniventes e avalizam o uso do álcool. Falei em companheiras porque os homens ainda bebem mais do que as mulheres. É claro que as mulheres estão bebendo cada vez mais. Talvez estejam em busca de se sentirem iguais aos homens, porém, igualam-se no pior que pode existir em alguns homens. Isso não é independência feminina, mas aprisionamento, pois ficarão mais debilitadas e adoentadas.

Por mais que a aparência do consumo de álcool – envolto em contextos sociais, agradáveis, alegres – não recomende maiores cuidados, é preciso, sim, ter atenção especial aos hábitos de abusos alcoólicos. O diagnóstico é nebuloso, o tratamento é difícil, e o curso da doença e suas consequências costumam ser trágicos.

Esse é o pior problema público na área da saúde mental. Traz prejuízos incalculáveis para os cofres públicos – piores do que os causados pelo uso da maconha e mesmo da cocaína, porque o álcool é aceito socialmente. Bebe-se em qualquer lugar. Os que usam cocaína são em menor número do que os que usam álcool. O alcoolismo também tem uma base genética, ou seja, aumenta o risco de descendentes serem alcoolistas se há doença nos ascendentes.

A dependência do álcool leva anos para ocorrer; já as dependências de cocaína e *crack* são muito rápidas. Digo isso para mostrar que os alcoolistas têm um tempo maior para construírem algum patrimônio, casarem, terem filhos. Entretanto, com a presença da doença, tudo começa a ruir: carreira profissional, família, patrimônio, saúde mental e harmonia familiar. Os dependentes de cocaína são pessoas mais jovens, que, pela presença da doença, não conseguem construir nada na vida e geralmente dependem dos pais para viver.

Não existem medicações que tirem a vontade de beber. Temos remédios que causam efeitos desagradáveis no paciente caso sejam ingeridos junto com a bebida. Podem dar náuseas, dor de cabeça, vermelhidão no rosto e disparar o coração. Chamamos de "aversivos" ao álcool. Não devem ser administrados sem o consentimento do paciente.

Os tratamentos objetivam mostrar ao paciente o quanto sua vida ficou comprometida pelo uso do álcool. Claro que o papel da família no tratamento é fundamental, pois a doença atinge a todos. Mesmo que o alcoolista não queira buscar ajuda, recomenda-se que a família vá e lhe diga que seguirá, mesmo que ele não se associe ao tratamento. Em casos de comprometimento importante da vida do paciente, a internação hospitalar pode ser o único caminho, mesmo contra a vontade dele.

O uso do álcool pode causar sintomas psicóticos, tais como desconfianças exageradas, ciúme doentio, agressão física e alucinações (ouvir vozes ou enxergar coisas que não existem). O risco de suicídio é maior entre alcoolistas, pois o uso de álcool aumenta a depressão.

Existe uma situação frequente decorrente do uso do álcool excessivo: o chamado apagamento da memória, ou *blackout*. O sujeito não se lembra do que fez no período em que esteve alcoolizado. Às vezes, perde coisas, agride pessoas, gasta demais... Já acompanhei, dentro do manicômio judiciário, um sujeito que matou um amigo quando alcoolizado e não lembrava que isso tinha acontecido. Quantos de vocês já não passaram por esses apagamentos da memória em decorrência do uso do álcool?

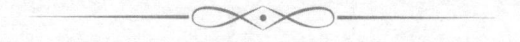

Finalizando: imaginem alguém tendo um infarto no coração e que não sentisse nenhum sintoma. Morreria, certo? Pois esse é o problema do nosso alcoolista. Ele não se sente doente. Como tratar alguém que não se percebe doente? Difícil, mas saber mais sobre essa doença e ter a participação da família em seu contexto pode fazer a diferença.

Os tratamentos que dão melhores resultados não são os realizados unicamente em consultórios de psiquiatras e psicólogos, mas os realizados em conjunto com os Alcoólatras Anônimos (AA) e seus grupos para familiares (Al Anon).

Como reter profissionais de talento

Percebemos atualmente que os profissionais não sonham mais apenas com fazer carreira em uma empresa, como acontecia alguns anos atrás. Os mais talentosos, em função de sua alta qualificação, tendem a não ficar muito tempo no mesmo emprego. Será que esse novo modelo de vínculo tem relação única com o salário recebido? Não. A segurança de quem tem a melhor formação proporciona a vontade de buscar novas oportunidades, visando adquirir cada vez mais conhecimentos.

Existiria algum caminho para manter os profissionais mais tempo nas instituições?

Sim. Existem outros caminhos. Bem, começo respondendo a essa dificuldade dizendo que há outros procedimentos que devem fazer parte da política de recursos humanos da empresa, que privilegiem a formação e a experiência do profissional, oportunizando ascensão na empresa.

Essa questão me foi colocada em uma das palestras que ministrei no Tecnopuc (Centro Tecnológico da Pontifícia Universidade Católica do Rio Grande do Sul). Surpreendo os empresários com as colocações em que abordo os problemas emocionais que interferem nas carreiras e que são pouco valorizados e conhecidos nas empresas.

Em primeiro lugar, vem a transparência. É preciso ser verdadeiro, claro, não usar de meias palavras quando você vai se comunicar com seu colaborador. E essa estrada deve ter mão dupla. É indispensável que o gestor, o líder, enfim, deixe muito claro para sua equipe tudo que diz respeito ao trabalho, à forma de lidar com as situações da rotina empresarial e às possibilidades e expectativas que cada um pode nutrir dentro da empresa. Da mesma forma, é necessário estimular o colaborador para que fique à vontade, ao ponto de ele próprio se comunicar de forma clara, objetiva, verdadeira e aberta, sem riscos de represálias, mesmo que se comunique de uma forma politicamente incorreta.

Essa conduta é melhor para a saúde do ambiente, dos envolvidos e, no fim das contas, das finanças da empresa. Assim, os funcionários vão se envolvendo em um projeto verdadeiro, em algo que faz sentido para todos e pelo que vale a pena sair de casa para trabalhar.

Destaco também o envolvimento. Olhe ao seu redor, em seu ambiente de trabalho. Você conhece realmente as pessoas com quem trabalha? Se você pensar bem, saberá que a resposta é "não". Se você é colaborador em uma organização, pense nisso e tente se interessar por seus colegas. Com maior cumplicidade e afinidade, isso fará bem a eles, mas também a você e ao ambiente como um todo. Agora, se você é um gestor, deve buscar uma postura de interesse e envolvimento. Claro, não estou sugerindo que a empresa se torne um consultório psicológico. Entretanto, aquele modelo de produção fria e em série não trará bons resultados. As pessoas buscam realização e bem-estar e só irão encontrá-los em locais onde se sintam realmente importantes, onde sejam verdadeiramente envolvidas pelos líderes.

Costumamos perguntar às pessoas: "Tudo bem?". O esperado é que respondam "Tudo bem", protocolarmente. Porém, se olharmos com atenção para o outro, é possível observar nas expressões faciais algum indicativo do seu real estado de humor. Caso você perceba algo, pode expressar: "Nossa, você está com uma cara boa! Que bom!"; ou: "Escuta, estou percebendo que você está aflito, distante, com uma cara de sofrimento e de preocupação. Aconteceu algo? Quer conversar?". Nisso há verdade, e disso surgirão laços mais estreitos. O outro se percebe importante.

Você, gestor, diria para os seus colaboradores que está disposto e receptivo a ouvi-los, mesmo que tenham contrariedades em relação a suas atitudes? Você abriria sua agenda para receber qualquer funcionário, sem risco de puni-lo se não gostar do que escutou? Acho que poucos se enquadrariam nesse perfil. Sempre há obstáculos entre quem dirige e os comandados.

O respeito também é inegociável. É comum que as pessoas se valham de uma posição hierárquica superior para expor sua visão sobre as coisas sem se preocupar com a forma como emitem suas opiniões, o que pode gerar mágoas e descontentamentos. Se um gestor for grosseiro, irritado, ameaçador com seu subordinado, mesmo que algo inadequado tenha sigo gerado pelo colaborador, essa postura trará ressentimentos e distanciamentos. A atitude e a resposta daquele que se sentiu injuriado poderá ser imprevisível. O melhor caminho para expressamos nossos desconfortos e desagrados é por meio da palavra. Entretanto, poucos têm capacidade de interlocução. A grande maioria reage com irritação, agressividade, ou se cala – mas cuidará de dar o troco.

Se você, gestor, tiver alguma reclamação mais enérgica para um colaborador, fale em particular com ele. Não é saudável reprimenda em público. Também tome cuidado para não ser o gestor que manda recados por terceiros, ou não será respeitado na instituição.

Agora pense comigo. Falemos de reconhecimento. Quantas vezes você reclamou de alguém nos últimos dias? Várias, provavelmente. E quantas vezes, recentemente, você elogiou alguém e ofereceu reconhecimento a seus feitos? Aposto que poucas vezes, ou nenhuma. Esse é o padrão. Reclamamos muito e reconhecemos pouco. Faz parte da vida competitiva e produtiva, em que todos temos muitos interesses e pouco tempo para conversar. Mas precisamos parar, olhar em volta e saber elogiar. Não é preciso mentir, forçar ou inventar.

Como somos contratados para acertar, para cumprir nossas obrigações, geralmente nossos êxitos não são valorizados. E o que acaba chamando a atenção são os erros. Todavia, o bom gestor ou líder produtivo e envolvente, do qual o colaborador não desejará se separar, sabe oferecer os méritos e o suporte em todos os momentos, tanto no sucesso como no infortúnio.

Você, CEO, diretor, iria ao hospital visitar um subalterno como prova de seu carinho e atenção? Ou iria ao velório do pai ou da mãe de um colaborador que não fizesse parte do primeiro escalão?

O uso da verdade é fundamental para sedimentar e desenvolver relações maduras, responsáveis e comprometidas em qualquer tipo de vínculo interpessoal. Temos muitas dificuldades de sermos verdadeiros com as pessoas, pois esbarramos em fantasias e temores de que os outros poderão se ofender com a verdade. Não tenho dúvidas de que os gestores verdadeiros serão mais lembrados e admirados pelos seus colaboradores. É também essa uma maneira de reter talentos.

Perceba que até agora não falei em dinheiro. O incentivo financeiro é a resposta mais automática e simples que pode surgir à questão colocada no início desta reflexão. É claro que isso é importante, que isso conta. Entretanto, por mais que saia caro, dinheiro é algo que todas as empresas têm para oferecer. Se a disputa por um profissional se limitar à questão pecuniária, então vencerá o mais capitalizado. Mas é possível equilibrar a situação com outros incentivos, com recompensas menos óbvias, mas mais sólidas.

Todos queremos maiores salários e melhores condições financeiras, mas se sentir reconhecido, acolhido e com perspectivas de crescimento pessoal e profissional são vantagens que dinheiro algum pode comprar. Por outro lado, o funcionário que trabalha só pelo dinheiro será um sujeito insatisfeito, que dificilmente se comprometerá com seu ambiente de trabalho. Esse conceito vale para qualquer atividade da vida. Tudo que se faz mirando apenas ganhos financeiros traz o risco de nunca levar a lugar algum.

Talvez valesse a pena, numa empresa com muitos funcionários, os líderes convidarem funcionários de todos os escalões para uma conversa privada, ou mesmo em pequenos grupos. Na ocasião, deve-se pedir para que falem da empresa, o que acham do trabalho, se têm sugestões a oferecer, se estão satisfeitos. Caso essa estratégia seja de difícil execução, outra possibilidade de buscar ouvi-los seria por meio de formulários anônimos, em que pudessem falar da empresa.

A melhor trilha a seguir na direção da manutenção dos bons profissionais é se importar realmente com as pessoas, aproximando-se genuinamente delas. É bastante sedutor e agregador o oferecimento de vantagens e benefícios extras aos seus funcionários – algo que está fora das combinações e que a empresa pode oferecer no momento em que está ganhando mais dinheiro.

Há a compreensão de que o bom funcionário não está fazendo nada que não seja de sua obrigação, de modo que não mereceria elogio. Isso não está certo. Isso é coisa de pai rígido que diz ao filho que tirar nota dez na escola não é algo digno de elogio, pois é a obrigação. Desestimulante, certo?

Sim, tudo que é feito com esmero, atenção, dedicação e que traga benefícios merece elogios. Mesmo um mau resultado ocasional pode não ser motivo de crítica. É importante que se perceba e registre que a pessoa fez o seu melhor, independentemente do retorno alcançado.

A terapia do chicote

Não se assustem com o título deste artigo, pois ele é um tanto caricaturado. Correlaciono um instrumento que é usado pelo gaúcho dos pampas a uma abordagem psicoterápica. O relho, a chibata ou o chicote é usado para bater no cavalo quando ele não segue as orientações de seu domador.

O ser humano tem fortes tendências a se maltratar e a se colocar para baixo. Transformamos fatos e desavenças do cotidiano em culpas e ressentimentos, quando não desenvolvemos remorsos mirabolantes. Por mais que nos doa ouvir críticas de outros, não poupamos a nós mesmos de autocríticas vorazes e impiedosas. Vivemos em um combate contra esse espírito de autoflagelação, sempre reafirmando ao espelho que não somos capazes, que não somos bons o suficiente para isso ou aquilo. Constantemente, cremos que os demais nos veem da mesma forma diminuída, que nossos pais não nos dão atenção, que o cônjuge não nos valoriza, que o chefe não nos prestigia. Temos muitas dificuldades de absorver palavras elogiosas. É muito fácil criar objeções a nós mesmos.

É evidente que esse comportamento tão comum em nossa espécie é um grande entrave. Uma das grandes especialidades de nossa **arte de ser infeliz**.

Tomo a liberdade de descrever uma história que testemunhei em meu consultório, com a devida concordância do meu paciente. Claro que distorço o relato e não deixo transparecer nenhum dado que possa identificar a pessoa.

Era um sujeito especializado em boicotar-se, botar-se para baixo, desqualificar-se. Era um PhD nesses temas. Começávamos a conversar, e ele já saía falando mal de si, diminuindo-se e se achando a razão única de todos os seus problemas. Segundo seu próprio conceito, não prestava para nada. Esse seu jeito de ser deixava transparecer tristeza, abatimento e falta de ânimo. Seus ares eram pesados. Considerava-se uma *mala sem alça*. Não poderia ser de outra forma.

Encontrava-se numa situação de muito desespero. Sempre utilizara várias medicações, mas sem resultados satisfatórios. De fato, em situações como essa, os remédios ajudam pouco ou nada, pois o sofrimento é mais existencial do que bioquímico. Havia momentos em que eu me sentia impotente para ajudar esse paciente. Nossos encontros se pareciam com uma luta, em que eu apontava alternativas para suas dificuldades, mas ele as desqualificava, como se nada fizesse sentido em minhas intervenções. Percebia que ele desejava inconscientemente afastar-me, ou seja, que eu cansasse e o abandonasse, como se eu fosse impotente para ajudá-lo. Diga-se de passagem: ele já passara por vários terapeutas.

De fato, eu sentia certa ambivalência entre continuar com ele ou sair de sua vida. Esse tipo de postura que adotava também acarretava a possibilidade de tentar me controlar; ou seja, tentava tirar minha força como seu terapeuta. Como não permitia que minhas intervenções frutificassem, ele acabava me desqualificando, me enfraquecendo. É claro que esses são mecanismos inconscientes de se relacionar desse tipo de pessoa, que não percebe a forma danosa de viver. Imaginem como é a relação dele com familiares e outras pessoas do seu entorno.

Num dia, diante dos seus queixumes intermináveis, tive um lampejo fora do contexto acadêmico das teorias psicanalíticas. Como esse paciente se maltratava constantemente e não saía desse papel, ocorreu-me dizer-lhe:

– Estamos num impasse: não percebo que tenha conseguido te ajudar e quero te propor outra abordagem terapêutica. Para tal, gostaria que comprasse um chicote ou uma chibata.

Ele ficou surpreendido com minha sugestão. Achou que eu estava brincando, mas expliquei a motivação.

– Percebo que tens um hábito doentio de te judiar constantemente, com pensamentos desqualificadores que te perseguem dia e noite e te adoecem. Podemos mudar o curso desse teu ritual patológico. Não consegues fugir dessa autoagressão dos teus pensamentos. Concorda?

Respondeu-me:

– Sim, concordo.

– Então, sempre que começares esse ritual agressivo, farei de conta que pego o chicote para te espancar nas pernas. Diante do desconforto do maltrato, poderás fugir de mim e, dessa forma, não serás molestado, flagelado. De teus pensamentos funestos e autoflagelações não consegues fugir, eles se repetem no teu dia a dia. Talvez assim isso mude.

Corri o risco de perdê-lo, caso se ofendesse com minha proposta. Porém, ele teve presença de espírito. Comprou o chicote e me o deu de presente.

O objetivo dessa intervenção, estilo **analista de Bagé**, foi confrontá-lo com o funcionamento obsessivo de sua mente no sentido de desqualificá-lo e, consequentemente, adoecê-lo. Sempre que ele começava essa ladainha de se maltratar, eu apontava para a chibata, e ele parava de falar. Às vezes, ria. Ele tinha uma oportunidade, nesse momento, de olhar para a maneira como construía seus pensamentos e, então, tentar modificá-los.

Seria muito saudável se tivéssemos ao nosso lado algum amigo, familiar, cônjuge, colega, alguém para nos avisar quando estamos criando situações que nos acarretem perdas e sofrimentos, em função desses conflitos emocionais. Não precisaria ser com uma chibata, mas com palavras, com algum gesto, enfim. O fato é que, normalmente, não percebemos esse estilo de viver, de modo que um olhar externo poderá ajudar. Ninguém nasce com baixa autoestima. Esse hábito de se diminuir fatalmente levará o sujeito à depressão e à paralisia diante da vida.

Também quero dividir com vocês outro aspecto do funcionamento psíquico dessa pessoa: o **sentimento de grandiosidade**. Isso mesmo! Pode não parecer, mas, em função da aparente depreciação que a pessoa faz de si, esse tipo de sofredor é muito grandioso, egocêntrico e autocentrado. Afinal de contas, crê que o motivo de todos os problemas do seu cotidiano é ele mesmo, como se fosse um ser poderoso a tal ponto. Percebe-se com um poder tão grande que debita em si todas as dificuldades da vida.

Por ser uma postura megalômana, escuta pouco seus interlocutores. O terapeuta menos experiente corre o risco de não ajudar, pois o sentimento de grandiosidade impede a pessoa de escutar e absorver as intervenções do profissional.

Por meio de exemplos do cotidiano, como neste artigo, desejo alertá-los no sentido de observarem o quanto podemos nos adoecer psiquicamente e não termos a menor noção da origem disso.

Considerações sobre o uso de lítio

Há muitos elementos químicos na natureza. Vocês devem se lembrar das aulas de química, da tabela periódica. Alguns elementos são abundantes, outros são raros, muitos são valiosos. E há alguns muito utilizados. Dentre eles está o lítio, com aplicações variadas – desde artefatos bélicos até instrumentos tecnológicos, passando por produtos medicinais.

No século passado, o lítio foi utilizado inclusive na busca de tratamento para tuberculose. Não trouxe benefícios para a cura da doença. Entretanto, pesquisadores perceberam que os pacientes com tuberculose avançada e sem chances de sobreviver melhoravam de humor com o uso do lítio. Em decorrência dessa descoberta casual, o elemento passou a ser usado na psiquiatria, para tratamento das doenças do humor.

O lítio não gera dependência no usuário. Pode ser usado por anos sem risco de viciar. Não deixa a pessoa dopada nem impede que ela faça suas atividades no dia a dia, como dirigir carro ou mesmo pilotar um avião. Os principais cuidados para quem o utiliza devem ser em relação aos rins e à tireoide. Pedidos de exames laboratoriais são recomendados visando avaliar esses dois órgãos. As queixas frequentes dos que fazem uso dessa medicação são em relação a tremores nas mãos, aumento do apetite e diarreia.

Dentre as muitas questões que chegam a mim por meio de pacientes, uma em especial me chama a atenção. É comum pessoas me procurarem dizendo que, de posse de um exame de sangue, seu médico atestou que seu nível de lítio seria baixo, razão pela qual a pessoa sofre de depressão, sendo mal-humorada e tristonha e, portanto, precisando repor esse elemento.

Na verdade, a ciência revela que os níveis de lítio são baixíssimos em todos os seres humanos. Não há a menor importância com relação à quantidade de lítio que temos no sangue. A indicação laboratorial a respeito da taxa de lítio no sangue não serve para absolutamente nada em se tratando de doenças psiquiátricas. Os psiquiatras somente têm interesse nos níveis de lítio no sangue quando usam remédios à base do elemento para tratar algum transtorno do humor.

Esses transtornos englobam depressão e doença bipolar. As estatísticas mostram que o número de pacientes que apresentam só depressão é maior do que o dos que são bipolares.

Quando a pessoa apresenta humor eufórico, excitado, explosivo e irritadiço, causando agitação e excesso de atividade, falando em demasia, gastando demais e com muita energia, dizemos que ela tem **mania***. Quando o indivíduo está apático, triste, desanimado, choroso e sem energia, chamamos de* **depressão***.*

Tomar lítio não é um indicativo de que a pessoa é ruim da cabeça ou louca, como alguns preconizam. O lítio é um moderador do humor e é a medicação padrão ouro para tratamento dos transtornos de humor em todo o mundo. O seu melhor efeito se dá nos pacientes com euforia e agitação, mas também é indicado para aqueles que só têm depressão. Neste último caso, deve ser associado ao uso de antidepressivo. O lítio também diminui o risco de suicídio em pacientes deprimidos.

Voltando à questão do lítio no sangue, é preciso, pois, ter bem claro que ninguém é deprimido por insuficiência desse elemento na corrente sanguínea. Caso contrário, seria só repor o lítio e pronto. Tal conclusão, estimulada por alguns profissionais mal informados, trará confusão e mau encaminhamento desse possível transtorno psiquiátrico. Só faz sentido saber o nível de lítio no sangue após o paciente estar tomando o remédio com essa base. Os médicos avaliam se a dosagem no sangue é terapêutica ou se, eventualmente, pode estar acima do desejado, podendo intoxicar o paciente.

Medicamentos homeopáticos costumam ter dosagens muito baixas de lítio, logo, não ajudam no tratamento das doenças psiquiátricas.

O sofrimento emocional oferecendo proteção diante das exigências da vida

Apresento aqui um aspecto interessante e preocupante do funcionamento de nosso inconsciente ou emocional. Quando os pacientes são acometidos de sintomas depressivos ou ansiosos, nós, psiquiatras, precisamos pesquisar as origens do problema. Essa investigação é indispensável porque ajudará na nossa tomada de decisão – se medicaremos o paciente ou se lhe sugeriremos psicoterapia ou, ainda (o melhor), se cabem as duas abordagens terapêuticas concomitantemente.

É interessante observar como as pessoas se conduzem diante das demandas do cotidiano. Falo de coisas como a necessidade de desempenho, de sustentar-se, trabalhar, estudar, namorar, casar, ter filhos, separar-se etc. Diante dessas exigências e das dificuldades que a vida impõe, alguns podem apresentar determinado tipo de sofrimento ou sintoma psiquiátrico. Surgem aí abatimento, falta de energia, apatia, desânimo, tristeza, perda de interesse, insônia, nervosismo, irritabilidade, falta ou excesso de apetite, ansiedade... Falo aqui de pessoas que não tinham história de doença psiquiátrica, que vinham tocando as suas vidas normalmente, mas que, diante de algum entrave ou obstáculo maior, acabaram adoecendo.

Esses sintomas costumam surgir de forma sorrateira e, aparentemente, pegando a pessoa de surpresa. Uma vez presentes, vão solidificando-se ao ponto de trazerem limitações e sofrimentos na vida dos pacientes. Esses sintomas com viés depressivo ou ansioso, construídos inconscientemente pela mente, podem servir como um escudo, um álibi para nos afastarmos de compromissos, desafios e obrigações que a vida nos apresenta. Não é nada bolado ou planejado pela cabeça do indivíduo, mas são armadilhas e pegadinhas criadas pelo próprio sujeito – e que, fatalmente, o farão desenvolver-se na **arte de ser infeliz**.

A impressão é a de que o sentir-se mal traz certa proteção ao sujeito. Mas esse é um abrigo, um refúgio, apenas aparente. O fato é que esse escudo do sofrimento nos priva de enfrentamentos e de possíveis realizações as mais simples – e mesmo de feitos mais trabalhosos e desgastantes. Imaginem um colete à prova de balas que, ao ser analisado, se revelasse como um colete comum, com uma proteção de isopor. Assim é esse pseudoescudo neurótico, criado por essas pessoas: embora dê uma sensação de segurança, no fundo, só expõe e fragiliza a pessoa. É um escudo que parece nos proteger, mas que nos priva de tudo. É um alçapão que está sempre em nosso caminho, armado por nós mesmos.

Nesse contexto, o paciente sente-se deprimido e vai em busca de ajuda médica. É esperado que o psiquiatra prescreva antidepressivos. O que costuma se observar é que não existe melhora com os medicamentos ingeridos. Evidentemente, o problema não é a qualidade e eficiência dos antidepressivos. O problema é que é um sofrimento da mente, da alma – e o remédio não toca ali. Estamos diante de um paciente peregrino, que passa de consultório em consultório buscando por mais remédios para seus problemas.

Esse doente passa a imaginar-se sem cura. Vê sua situação como irrevogável, literalmente irremediável, porque crê já ter feito de tudo, já ter tentado todas as formas possíveis de tratamento. Sente-se e se apresenta como se estivesse realmente condenado, em estado crônico. Por conseguinte, deprime-se e se angustia mais e mais. É, de fato, um círculo vicioso. Sua vida como que paralisa, fica inviabilizada – e isso em suas várias instâncias: amorosa, familiar, social, profissional, desportiva.

No caso de predomínio de sintomas mais ligados à ansiedade, o curso do adoecimento pode levar a medos e fobias em relação a atividades as mais simples – ir a determinados lugares, viajar, sair de casa, enfim. Há, inclusive, quadros compatíveis com síndrome do pânico. Estamos submetidos a isso de várias maneiras, com intensidades e consequências muito distintas. Mas o fundo é um único e o mesmo: conflitos emocionais não identificados e, por consequência, não resolvidos.

Os tratamentos são trabalhosos e difíceis, pois não é fácil extirpar esses sintomas. Ao mesmo tempo em que fazem a pessoa sofrer, também a protegem.

Uma senhora sentia-se deprimida e usava vários medicamentos psiquiátricos, porém não melhorava. A família quis ouvir uma segunda opinião, de modo que chegaram a mim. Ao conversar com ela, não percebi um contexto neuroquímico que explicasse essa depressão. Além do mais, tomou uma série de remédios sem êxito terapêutico. Percebi, depois de um tempo, que o marido exigia que fosse trabalhar, o que ela não desejava.

Resumindo, a depressão lhe serviu como um escudo, para que o esposo parasse de cobra-lá por trabalho. Como o esposo a acompanhava, pedi permissão para chamá-lo na sua consulta. Ela pediu-me para que não falasse a ele da ideia da depressão como "escudo". Senti que minha percepção fez sentido.

Lembro-me de um jovem cujos pais desejavam que fosse estudar no exterior, seguindo o caminho dos dois irmãos mais velhos. Esse mais jovem era muito apegado à mãe e sempre temia uma separação, o que aconteceria se fosse embora do país. O rapaz começou a desenvolver medos de sair de casa, ter sintomas de gastrite e falta de apetite, perdendo peso, o que o levou a fazer vários exames, todos normais.

Percebi com clareza que o jovem praticamente desenvolvera os sintomas para proteger-se dos desafios que teria de enfrentar. Não revelava que não viajaria, mas sua mente sinalizava que estava adoentado e não poderia cumprir a tarefa desejada pelos pais. A possibilidade de melhorar, de ficar bem, o jogaria em direção a algo que não desejava fazer.

Percebam que não tem medicação que possa curar esse mal. A psicoterapia seria a única possibilidade de clarear as razões de seu adoecimento. Evidentemente, o mais saudável seria poder verbalizar, colocar-se de forma consciente e objetiva contra o plano dos pais. Ainda que o projeto de passar fora um tempo não fosse ruim, seria um caso de escolha. Ser honesto consigo mesmo e com os pais era fundamental.

Percebam que tirar o sintoma, melhorar a pessoa, não é tarefa fácil. Se conseguíssemos, por meio de um passe de mágica, resolver os sintomas desses pacientes, com certeza viriam outros sofrimentos. O psicoterapeuta que não tiver essa clara percepção não ajudará seu paciente. A figura do escudo, criado pela mente, serve para proteger a pessoa de algo que lhe causa desconforto. Não deixa de ser um "poder", no sentido de o paciente impor sua vontade, mesmo dessa forma dissimulada.

Percebam a facilidade com que nos perdemos na **arte de ser infeliz**.

Como ajudar as crianças a se protegerem dos pedófilos

Percebam pelo título que este artigo não serve para nós protegermos as crianças, mas para que auxiliemos as próprias a se defenderem, a evitarem os pedófilos. É claro que sempre temos de proteger as crianças de ameaças à saúde física e mental. Contudo, minha ideia aqui é oferecer ferramentas para que a criança mesma não seja pega de surpresa diante de um ato brutal e completamente desconhecido do seu imaginário.

Pedofilia. Esse é um tema muito delicado. É definida como atração sexual por crianças e púberes que ainda não desenvolveram os caracteres sexuais secundários, como pelos pubianos, mamas etc. Não gostamos nem sequer de contemplar a questão porque não compreendemos o horror dessa prática e também porque não queremos pensar nas crianças de nossas relações como vítimas disso. Contudo, é esse um problema real, que deve ser encarado. Mais do que isso: precisamos compreender, entender os hábitos e os métodos dos pedófilos, para que possamos orientar as crianças a não caírem em seus truques.

Há muitas campanhas de conscientização, ações governamentais, associações de apoio às vítimas, enfim, várias instituições empenhadas em combater a pedofilia e tratar suas consequências. É uma ação que emerge do inconsciente doentio de um adulto. Não existe a menor possibilidade do nosso imaginário entender, justificar e aceitar essa conduta. É mais fácil assimilarmos um assassinato do que um abuso com criança. Por isso tudo, pergunto:

Você consegue falar sobre pedofilia e tentar ajudar a criança?

Precisamos ser diretos, orientando a prevenção e as estratégias para tentarmos evitar essa violência. Sim, devemos tratar das vítimas; mas devemos, urgentemente, agir preventivamente, para que menos crianças venham a virar vítimas da pedofilia. E isso pode ser feito por meio de uma comunicação simples, clara e honesta entre pais e filhos. Desde muito cedo, tão logo as crianças compreendam conscientemente o que lhes é dito, devemos explicar que há a possibilidade de que pessoas mais velhas (adolescentes, adultos e idosos) queiram aproximar-se demais, com toques e abusos mais ou menos sutis.

Evidentemente, não existe a melhor idade para se começar a falar sobre o tema. Porém, crianças com entre três e quatro anos de idade já costumam estar aptas para entender a nossa conversa. Ou seja, os alertas contra a pedofilia devem começar muito cedo e cessar muito tarde, apenas quando o jovem já tiver discernimento suficiente para agir e reagir por si.

Por que os pais têm dificuldades para abordar esse tema com as crianças? Talvez, por constrangimento; ou por não dar à questão o valor devido; ou, ainda, porque confundem esses ensinamentos com coisas ligadas ao sexo, como se fosse despertar o interesse precoce das crianças pelo tema. Penso que os adultos têm muitos tabus com a vida sexual, de modo que não conseguem ver simplicidade nessa conversa com as crianças.

Pode haver mais silêncio sobre o tema quando as pessoas são muito religiosas. Tendem a associar o sexo ao pecado, o que acarreta mais resistência sobre o tema da pedofilia. Percebo que os adultos negam a possibilidade de que isso possa acontecer em sua família; logo, descartam a possibilidade de ventilar o assunto. Outros pensam que é melhor não levantar o tema, pois pode estimular a curiosidade da criança por coisas ligadas ao sexo. Assim raciocinam: "O que não é visto não é lembrado...".

Repito: a conversa com as crianças deve ser clara, simples, verdadeira e direta. Uma boa estratégia é sempre perguntar à criança como foi seu dia quando ela chega a casa após as atividades. Se gostou, se brigou com alguém, se alguém a maltratou, se alguma coisa aconteceu, se algo a deixou triste. Esse simples exercício diário pode deixar as portas abertas para a criança falar.

Seguem algumas sugestões de conselhos para darmos às crianças:

"Não deixe que ninguém toque no seu corpo."
"Não deixe ninguém tirar a sua roupa."
"Não deixe ninguém mexer em seus órgãos sexuais."
"Não fique perto de um adulto que tire a roupa."
"Não obedeça se uma pessoa mandar tocar no seu corpo."

"Em todos esses casos, se isso acontecer, se alguém tentar algo, recuse, saia de perto. Se for preciso, grite, corra."

"Se acontecer alguma coisa dessas, chegue em casa e fale com o pai ou a mãe."

Se não conversarmos previamente com as crianças, elas ficarão muito assustadas diante de um ato cometido por um pedófilo. E tenderão a não contar por duas razões. Primeiro, em função de ameaça do próprio pedófilo. Isso porque agressores sempre jogam com o medo da criança. Os pequenos acreditam quando alguém diz: "Se contar o que fiz a você, eu mato você", "Se falar para alguém, eu mato sua mãe". Como são ameaçadas, imaginam que fizeram algo de muito errado e que, se falarem aos pais, serão punidas de alguma forma.

Supere o constrangimento e converse abertamente com seus filhos, pois não adianta fazer de conta que o problema não existe. E esse cuidado deve ser incessante, porque estamos cercados por potenciais pedófilos, dado que jamais sabemos quem o é de fato. Quer dizer, o hábito da pedofilia é dos mais escondidos. O pedófilo é dissimulado, disfarçado, de modo que fica muito difícil de antever seu ataque, pois não se sabe de onde virá. Portanto, o cuidado deve ser constante. Geralmente, o agressor é alguém muito próximo da criança, um familiar, amigo ou vizinho. Logo, é alguém que tem a confiança da família.

Vale lembrar que crianças tocando no corpo uma da outra não é considerado pedofilia, mas sim uma maneira de se descobrirem e perceberem suas semelhanças e diferenças anatômicas. Não devemos olhar para esses jogos como alguma coisa reprovável ou doentia. Lembrem-se de que as crianças se tocam, mas sem a maldade do pensamento e do olhar adulto.

Para prestigiar uma interação verbal, os pais precisam valorizar a criança quando ela quiser falar sobre qualquer assunto dentro de casa. Vemos muitos pais desqualificando a fala dos filhos, o que os afasta de contarem algo que acontece ou o que pensam.

Então faz toda a diferença que a criança saiba que pode contar tudo para os pais, sempre. A criança que ouviu as recomendações dos pais para não deixar ninguém tocar no seu corpo terá toda a liberdade de contar se algo acontecer. Entretanto, alguns pais podem reagir de forma inadequada, por vezes até culpando a criança pela violência a que ela foi submetida. Podem insinuar que os filhos supostamente deram uma brecha, facilitando ou mesmo provocando o agressor. Às vezes, criticam o tipo de roupa que a menina estava usando, como se isso justificasse a ação do pedófilo.

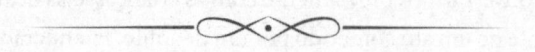

O que a sociedade e o Judiciário podem fazer para tentar mudar a conduta dos pedófilos? Por parte das autoridades, o que se oferece é a prisão do pedófilo, que evidentemente não trará nenhuma modificação no seu pensamento perverso e nos seus impulsos. Apenas prender não adianta, porque nenhum preso fica muito tempo dentro das cadeias brasileiras. Logo sairá e reincidirá.

Contudo, a única solução que efetivamente traz resultados é a castração **química**. Injeta-se na pessoa uma medicação que inibe a produção de testosterona, levando à perda do desejo sexual. Além de resolver os casos dos pedófilos ativos, esse procedimento também seria didático, posto que serviria como exemplo inibidor para potenciais pedófilos.[4] Evidentemente, esse procedimento teria de ser acompanhado pelo Judiciário.

A psicoterapia não é demandada pelos pedófilos. O grande problema que enfrentamos é o fato de os pedófilos não se perceberem doentes ou angustiados com sua conduta. A psiquiatria não tem uma explicação clara, do ponto de vista psicológico, para a conduta perversa dessas pessoas.

Não lembro, em minha experiência de psicoterapeuta, de algum pedófilo que tenha me procurado por estar culpado em decorrência de seus impulsos sexuais. Só fui procurado quando eles estiveram envolvidos com a Justiça. Nesses casos, o interesse era por safarem-se das penas, não por tratamento da perversão. Observem como é complicado lidar com esses doentes. Vejam que não os chamo de criminosos, embora a conduta deles seja criminosa.

---

4   Nota do editor: tramita no Congresso Nacional o projeto de lei número 5398/2013, que, segundo o texto, "Aumenta a pena para os crimes de estupro e estupro de vulnerável, exige que o condenado por esses crimes conclua **tratamento químico voluntário para inibição do desejo sexual** como requisito para obtenção de livramento condicional e progressão de regime" (grifo nosso).

A importância da verdade nas relações

A vida é um grande faz de conta. Um teatro. Repare. Perceba como é difícil ouvirmos e falarmos a estrita verdade das coisas. Pense em suas relações e você há de se lembrar de como estamos constantemente dando e recebendo desculpas, justificativas, ponderações e mesmo inverdades. Em vários níveis de verossimilhança, somos próceres em modular o discurso, afastando-nos mais ou menos da verdade a respeito do que se está dizendo.

Vale para tudo.

Quando nos atrasamos: "Veja bem, o trânsito estava pesado", "Tive um contratempo inesperado...". Não que essas justificativas não possam ser verdade de vez em quando, mas, em geral, o trânsito, o contratempo e outros fatores são elementos no máximo atenuantes para nossa desorganização, falta de vontade de estar num local na hora combinada ou, mesmo, apenas desconsideração com os outros. Por que não dizer simplesmente a verdade? "Olha, me desculpa, me enrolei nos meus compromissos e acabei perdendo o horário"; "Saí tarde e me atrasei"; "Esqueci-me do encontro. Desculpe-me..."

Ou, quando queremos discordar de alguém sobre algo, é comum apelarmos a atenuantes desnecessários: "Com todo o respeito... Veja bem... Peço que me compreenda e me desculpe por qualquer coisa, mas preciso dizer que você talvez esteja se equivocando...". Ora, são muitas voltas, muitas reticências. Mais introduzimos e nos desculpamos de antemão do que falamos. Isso tira o foco do problema que queremos tratar e enfraquece nosso argumento perante o interlocutor. Por que não simples e educadamente tratar de forma direta do problema? "Veja, acredito que você não está conduzindo bem esta situação e poderia melhorar nisso e naquilo. Eu também vou reavaliar minha participação. Que você acha?"

Não significa que tenhamos de ser grosseiros e que não precisamos nos importar com a forma como nos comunicamos. Isso seria o excesso, o oposto a esses floreios e receios que nos afastam da verdade e da solução das questões. Afinal, mais do que provar que estamos no caminho certo e que o outro está equivocado, devemos querer resoluções, definições, bem-estar. Também de nada adianta termos razão, mas estarmos em desarmonia ou desconforto. Sigamos, então, pelo caminho do meio, com o cuidado suficiente, com gentileza – mas sem fugir do ponto que importa na conversa.

É necessário prudência. E isso não deve ser confundido com covardia, que é uma extrapolação da prudência. A covardia, o receio e o medo fazem-nos mentir ou fugir do cerne do tema em pauta. Inventamos desculpas e justificativas para atenuar situações. Em geral (eu diria que na quase totalidade das vezes), não falamos a verdade, não somos claros, porque tememos a resposta do outro diante da nossa colocação. Ao construirmos nosso pensamento em relação ao que dizer e como dizer ao nosso interlocutor, podemos nos atrapalhar e empacar na medida em que nos preocupamos com a resposta dele. Essa é a grande armadilha que pode nos emudecer ou falsear um pensamento ou uma frase a ser dita.

Todavia, também não podemos ser temerários – que é a outra extrapolação da prudência. Esse outro exagero, esse outro extremo, é a falta de noção sobre o que e como as coisas devem ser ditas. Essa imprudência nos leva ao que chamo de **sincericídio**.

Vejamos isso tudo no ambiente profissional.

Seu chefe pergunta o que você acha de uma ideia que ele teve, de um projeto que ele apresentou para você e seus colegas tocarem. Você não gostou por vários motivos. O que você fala? Mesmo absolutamente desgostosas e contrariadas, o normal é as pessoas dizerem algo como: "Parece ser uma boa ideia. Vai dar certo!". Já vimos isso no trabalho. E isso sempre soa falso, é sempre postiço, forçado e até constrangedor para os demais, pois apenas um ator muito talentoso seria capaz de contrariar-se sem deixar transparecer. Mas também poderíamos ouvir: "Olha, essa sua ideia é péssima! Não vou fazer isso de jeito nenhum. Não vai dar certo, de forma alguma!".

Com a primeira forma, a covarde e mentirosa, revelamos falsidade e perdemos o respeito do chefe e dos colegas. Com a segunda forma, a temerária e sincericida, escancaramos inflexibilidade, egoísmo e falta de senso prático. Muito melhor para todos seria ater-se à verdade no conteúdo; mas com educação, clareza e cuidado na forma. Algo assim: "Bom, entendo sua boa intenção, mas creio que há problemas neste e neste ponto. Se, em vez disso, fizermos isso, talvez o resultado seja melhor. O que lhe parece?". Assim demonstramos interesse, respeito e honestidade.

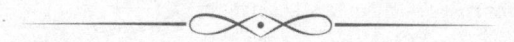

Outro sincericídio do cotidiano é encontrar um amigo que não víamos há anos e dizer: "Como você está envelhecido"; ou: "Como está gordo!".

Recentemente, um paciente me perguntou, ao final da consulta: "Tu queres que eu te pague?". Eu olhei para ele, pensei e então silenciei. Passados alguns segundos – que para ele devem ter sido uma eternidade –, voltou à carga: "Doutor, o senhor não me respondeu". Como tenho um combinado com todos os meus pacientes sobre a forma como acertamos o pagamento de meus serviços, não vi necessidade de responder e preferi deixar que ele mesmo se apercebesse do que estava fazendo. Apenas disse: "Parece que não desejas me pagar hoje!". Ao que ele falou: "Pois é, tem razão. Acontece que estou sem dinheiro comigo e me esqueci do talão de cheques em casa. Posso pagar-lhe na próxima semana?". É claro que ele poderia. Mostrei a ele o risco de não ser claro, objetivo, de não oferecer a verdade.

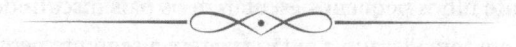

É muito frequente pacientes se atrasarem repetidamente nas consultas e pedirem desculpas. Costumo perguntar o porquê do pedido formal de desculpas. Eles respondem que é por consideração a mim, educação etc. Ora, não chegam na hora porque deram mais atenção a outra coisa que consumiu seu tempo. Logo, mostro a eles que não precisam pedir desculpas, pois foi uma opção que tomaram e resultou no atraso comigo. Evidentemente, não me sinto diminuído por isso; no entanto, preferiria que não dissessem nada, em vez de darem uma desculpa qualquer.

Certa vez disse a um paciente daqueles com desculpas esfarrapadas que preferia que ele me comunicasse que encontrou um amigo no caminho e preferiu tomar um café com essa pessoa a vir à consulta. Para mim ficaria bem, pois tomou uma atitude que lhe conveio naquele momento. É claro que na sessão seguinte exploraria melhor essa mudança de rota...

Lembro-me de outro fato. Um conhecido me acenou do outro lado da rua e fez menção de cruzar. Parei, e ele cruzou a rua. Chegando perto, bateu no meu ombro e disse: "Acho que estás com pressa. Podes ir...". Percebi que a pressa deveria ser dele e respondi: "Não estou com pressa, parei para conversar contigo. Acho que tu tens pressa". Pensei que, talvez, ele não desejasse falar comigo. Fez bem para mim oferecer a ele a minha percepção do que se passava.

É frequente filhos pequenos escutarem os pais discutindo de maneira exacerbada e em tom elevado e então fazerem a seguinte pergunta: "Vocês estão brigando?". O que costumam ouvir como resposta? "Não, nós estávamos conversando um assunto sem importância." Mas o melhor seria dizer: "Sim, estamos discutindo alguns problemas. Desculpa-nos porque gritávamos, mas não te assusta, que não faremos mais esta gritaria na próxima discussão. Falaremos de um jeito que não vai te assustar".

É bom frisar que podemos também oferecer a verdade em relação a atitudes, ideias e sentimentos que nos agradam em relação ao outro. Poder dizer que gostamos do que alguém fez, de como se coloca, que é importante em nossa vida, que é bom compartilhar vivências e tempo, que é inteligente etc.

Penso que o que dificulta às pessoas oferecerem o que efetivamente sentem e pensam aos seus interlocutores é o receio da reação do outro, da resposta. Quando opinamos ou questionamos, é fundamental que tenhamos em mente o seguinte pressuposto: não temos a menor ideia da reação do outro; logo, temos de saber que é assim que as relações funcionam. Seja fiel a suas percepções e procure oferecê-las com respeito, carinho e atenção. Sempre que ficamos com palavras e sentimentos trancados, acabamos pagando por isso. Poderá ocorrer ansiedade, irritação e estresse diante daquelas experiências que não foram bem elaboradas.

Mas também nada de sinceridídio! Você vai se apreciar mais se puder oferecer a verdade. Claro, a sua verdade, o seu sentimento. Aqui não é uma situação de certo ou errado, mas de entregar ao outro o que estamos sentindo e percebendo. Evidentemente, em várias situações, o silêncio é a melhor entrega. A vida não precisa ser um grande teatro.

As várias máscaras da depressão

A Organização Mundial da Saúde estima que no ano de 2025 a depressão será a segunda doença mais presente do mundo, ficando atrás somente das doenças cardiovasculares.

As pessoas têm dificuldade de perceber que podem estar depressivas. Em nossa cultura, tendemos a depositar em fatores do cotidiano (fatos reais da vida) explicações que justifiquem os sinais da depressão. Por outro lado, até mesmo os médicos ainda não fazem adequadamente o diagnóstico da doença; excluindo, em geral, os psiquiatras. Também existe preconceito da população com relação às doenças mentais. Isso faz com que o doente não pense em depressão, pois doenças psiquiátricas são tidas como coisa de gente fraca e incompetente. Como se fosse uma "frescura", coisa de desocupado.

A depressão faz parte dos transtornos de humor. Antigamente, se chamavam de doenças afetivas. Imaginem o nosso humor oscilando. Quando se move para baixo, seria depressão; para cima, exaltação, euforia, pensamento acelerado e agitação. Quando o humor oscila para os dois lados, chamamos de transtorno bipolar. Na maioria dos pacientes com essa síndrome, o humor fica mais para baixo, acarretando mais depressão do que transtorno bipolar.

As origens de uma depressão podem ser distintas. Há depressão ligada a características genéticas e familiares – ou seja, uma doença que se transmite entre os descendentes. Claro que, quase sempre, tem um fator externo que desencadeia os sintomas, como se fosse um gatilho. Pode não ser um fato muito relevante, ao olhar do outro, mas, para o sujeito com predisposição, é o suficiente para adoecer.

Outra vertente causadora de depressão são as experiências traumáticas: passar fome; presenciar os pais brigando na infância; vivenciar a morte prematura; sofrer abusos sexuais na infância; não ter onde residir; não ter trabalho e dinheiro para manter a si ou à família. É oportuno lembrar que doenças físicas crônicas, como artroses, hipotireoidismo, diabetes, doenças autoimunes e outras também geram depressão.

Conflitos psíquicos ou emocionais estão entre fatores que geram depressão. São experiências subjetivas ou inconscientes que a pessoa experimentou de uma forma real ou mesmo só no seu imaginário. Não pretendo desqualificar a força desses estímulos, mesmo que possam ser irrelevantes para algumas pessoas.

É interessante, para um psicoterapeuta, buscar o entendimento dessas fontes geradoras de abatimento e que podem incapacitar a pessoa para tocar sua vida. É esse grupo que desejo explorar melhor. Passaria pela sua cabeça que alguns sintomas de origem psíquica, como depressão ou ansiedade, poderiam trazer algum tipo de proteção ou um pseudobenefício para o paciente depressivo? Você deve estar pensando que "estou viajando".

Existe um entendimento na psiquiatria de que ter sintomas de origem psíquica pode gerar algum ganho para a pessoa. Chamamos isso de "ganho secundário". Por exemplo: a pessoa foi licenciada do trabalho, recebendo benefícios assistenciais estatais em função de algum problema de saúde; pode ser que ela tema receber alta e ser obrigada a voltar para o trabalho de que não gosta. A decisão inconsciente de sentir-se mal pode ajudá-la a não ter de voltar para o trabalho.

Outro exemplo. O casamento vai mal. O marido trabalha noutra cidade e, quando volta para casa no fim de semana, costuma encontrar a esposa deprimida, na cama. Na ausência do marido, ela não apresenta tal desânimo. Dessa forma, por meio dos sintomas, ela coloca uma barreira para não ter de se relacionar sexualmente.

Mais um caso. Um cliente meu, deprimido, debitava sua condição na vontade de sua mulher de se separar. Ela ainda não tinha saído de casa devido à depressão dele. A esposa o desprezava, não lhe dava atenção, não desejava ter vida sexual. Mesmo percebendo a real situação, desejava que eu chamasse a esposa para dizer que não deveria deixá-lo, pois isso pioraria a depressão. Parece hilário, mas é trágico! Trabalhei então no sentido de mostrar que aquilo que ele temia – a separação – bem poderia ser sua redenção. Sem a fonte de sua tristeza, que era o casamento malsucedido, esse homem poderia ter uma vida emocionalmente mais saudável. Entretanto, estar deprimido o deixava com um aparente poder sobre a mulher.

Nos três casos aqui relatados, há uma coisa em comum. Parece que a presença da depressão, que por si só é igual a sofrimento, também oferece certa proteção, um "álibi inconsciente" para se obter um benefício. Espero que alguém deprimido que leia este artigo não queira me apedrejar em praça pública. Insisto com a necessária ressalva: essa situação não se dá em cima de um plano consciente da pessoa para tirar vantagem de sua condição; é, isso sim, um mecanismo inconsciente, que ocorre fora da vontade do paciente.

De qualquer forma, independentemente das causas que originaram a depressão, o quadro clínico inspira os mesmos cuidados. Mas é preciso entender de onde vem o problema para saber como tratá-lo. É por isso que enfatizo a ideia das **várias caras** da depressão. São tipos que têm aparentemente os mesmos sintomas e redundam nas mesmas consequências para os pacientes, porém, os tratamentos serão bem diferentes.

A distinção mais evidente entre uma e outra é o resultado diante do uso do antidepressivo. Nos casos de depressão com fundo biológico, de deficiência de neurotransmissores, em função de traumas sérios na vida ou em que elementos de hereditariedade e doenças físicas crônicas estão presentes, os tratamentos com remédios trazem bons resultados. Já nas depressões de origem emocional, as psicoterapias são mais resolutivas, dado que oferecem ao paciente instrumentos para entender seus conflitos e modificá-los.

Quando a depressão tem desencadeantes emocionais mais robustos e apenas usamos antidepressivos, sem indicarmos psicoterapia concomitante, corremos o risco de não ajudar o paciente, que tende a não melhorar. A reação de um médico clínico, menos experiente e pouco habituado com as nuances da psiquiatria, na ânsia de ajudar, é trocar de medicação ou testar outros remédios.

Nesses casos, o paciente pode achar que sua depressão é grave ou não tem cura, já que tomou muitos medicamentos e não melhorou. Os clínicos, cardiologistas, neurologistas, ginecologistas e outros colegas são médicos que receitam mais antidepressivos que os próprios psiquiatras. Não faço nenhuma crítica a esse fato, pois acho que muitos pacientes não chegarão a um psiquiatra; logo, é bom que outros colegas também possam tentar tratá-los.

É esperado que um psiquiatra, diante de uma pessoa depressiva, pense em receitar antidepressivo. Por quê? Porque servirá, no mínimo, como um teste terapêutico. Isso porque essas medicações precisam ser tomadas por, no mínimo, um mês, para sabermos se ajudarão. A literatura médica mostra que os pacientes que tomam medicação e fazem psicoterapia têm muito mais chances de melhorar.

É preciso entender essas sutilezas das emoções. Sem isso, vivemos enredados nas armadilhas que montamos para nós mesmos. Há pacientes que passam a vida trocando de remédios, testando novos medicamentos. Talvez o mais oportuno seria que buscassem um psicoterapeuta para fazerem uma avaliação e, se necessário, iniciar a psicoterapia. É evidente que todos nós, quando estamos com sofrimentos de origem emocional, esperamos um remédio mágico que nos cure. Infelizmente, não existe essa magia. Sempre é fundamental, na cura das dores da nossa alma, que tenhamos mais intimidade com nosso jeito de ser e se relacionar.

Tudo isso é muito sutil, mas é para isso que um verdadeiro psicoterapeuta deve estar preparado. E é isso – um tratamento eficaz e preciso – que alguém que quer superar a **arte de ser infeliz** deve buscar.

Nossa cabeça é a mesma em casa e no trabalho?

As relações de trabalho mudaram muito ao longo da História. Dos aprendizes e mestres de ofícios aos modernos *home officers*, alteraram-se o tempo, a intensidade, o caráter, enfim, diversas características laborais. Mas se há algo que segue inalterado é a compreensão fantasiosa de que trabalho é trabalho, vida pessoal é vida pessoal. Ou seja, reina, entre chefes e empregados, um faz de conta de que não se deve misturar essas duas instâncias da vida. O problema, porém, é que a vida é uma só.

Pensemos numa situação inversa: a pessoa se aborrece no trabalho e, à noite, chega a casa chateada, abatida. Por outro lado, o cônjuge está muito a fim de transar, mas não percebe reciprocidade no companheiro. O que fazer? Pressionar a transar ou entender que a cabeça do que se incomodou no trabalho é a mesma que não consegue se entregar para a vida sexual?

Outra situação. Tente praticar um esporte em que você é habilidoso, quando está com uma preocupação séria na cabeça... Imagine um time de futebol, onde estão onze jogadores em campo, todos competentes no que fazem, mas os resultados positivos não chegam. Seguramente, o emocional de alguns está comprometido, mas, com certeza, essas coisas não são ventiladas pela equipe técnica, e, mesmo se fossem colocadas, talvez o técnico não saberia como lidar.

É preciso entender que tudo que se passa na vida de uma pessoa traz repercussões entre o que acontece no real e no imaginário do sujeito. Uma promoção no trabalho levará o sujeito a celebrar com a família? Uma demissão pode levá-lo a indispor-se com a mesma família? Da mesma forma, algo bom na esfera pessoal, como o nascimento de um filho, poderá fazer a pessoa trabalhar melhor?

Percebam que as frases acima estão na forma interrogativa. É uma maneira de mostrar que mesmo o nascimento do filho pode ajudar ou atrapalhar no trabalho. A criança chora, o sujeito dorme mal. A promoção pode gerar angústia, pelo receio de o promovido não se sentir capaz para a nova tarefa, atrapalhando a vida familiar. A demissão pode trazer alívio e mais satisfação no convívio familiar, já que a pessoa poderia não estar gostando do trabalho, embora não tivesse coragem de demitir-se.

Ora, uma pessoa é uma pessoa só, indivisível. Lendo isso, você provavelmente pensou: "Mas que obviedade!". Verdade! Porém, no dia a dia, no local onde passamos a maior parte do tempo – no trabalho –, essa obviedade é constantemente negligenciada. Acontece que os aspectos emocionais são determinantes em tudo o que fazemos. A mente – ou o imaginário – sente e o corpo responde, não importando o local em que estamos, se em casa, na escola, na faculdade, no lazer ou no trabalho.

Nossa personalidade funciona de forma parecida com a de um *software* de um computador. Como assim? Quando ligamos o computador, o programa inicializa sempre do mesmo jeito (por exemplo, via Windows). Quando nossa mente está em ação, pensando e sentindo, tenderá a funcionar sempre do mesmo jeito. Esse mecanismo foi chamado por Freud de compulsão a repetição.

Por que fiz toda a explanação acima? Para mostrar que o ser humano carrega essa bagagem psicológica onde estiver e que não tem como dissociar trabalho do resto. É atávico, é intuitivo, é da raça. E é impossível escapar dessas dinâmicas. *C'est la vie*!

Penso que uma instituição saudável, que deseja envolver-se com seus colaboradores verdadeiramente, diria o seguinte: "Não só tragam para dentro da empresa seus problemas, mas aqui terão espaço para serem ouvidos!". Ser ouvido não quer dizer que a empresa resolverá o problema da pessoa. Podem achar que enlouqueci de vez com essa sugestão... Mas convido alguns gestores que estão lendo este texto para refletirem e, talvez, experimentar algo diferente dentro da sua instituição. Se houvesse um espaço onde os funcionários pudessem se agrupar por meia hora diária e falar de suas preocupações naquele dia, já seria uma catarse terapêutica.

É megalomaníaca a pretensão humana de querer separar a vida em setores. É uma tentativa de controlar o incontrolável, algo muito afeito ao ser humano. Sempre que estamos sofrendo de alguma angústia ou de um mal-estar psíquico, abatemo-nos pelo sofrimento em si e, o pior, por desconhecer a causa desse desconforto.

Também precisamos levar em consideração o fato de que não lidamos nada bem e não temos intimidade com nosso mundo psíquico ou emocional. Dessa maneira, ficamos cegos de um olho, ou seja, olhamos para a vida e o desempenho da pessoa por um só ângulo. Assim pensam alguns chefes: o trabalho é o que interessa, o resto é bobagem.

Quando nos deparamos com sofrimentos psíquicos, da alma, um mecanismo frequentemente usado para tentarmos nos proteger é o da projeção. Como desconhecemos a origem do sofrimento, tendemos a buscar fora de nós a explicação para o desconforto. É fácil debitar no ambiente externo a razão do aborrecimento. Evidentemente, sempre vamos arrumar uma causa externa para justificar nossas teorias, mesmo que não faça nenhum sentido. **Assim funciona a projeção: buscar explicação fora de nós**.

Já existem empresas que sugerem aos funcionários que coloquem, em painéis onde trabalham ou mesmo nos jalecos, carinhas ou cores, selecionando a imagem que melhor simboliza seu estado de espírito naquele momento. Bem legal, pois não precisará esconder suas emoções naquele dia.

Instituições tendem a achar que os sofrimentos mentais e emocionais não justificam ausências. Creem que apenas as enfermidades físicas servem como motivo para isso. Pois saibam que, dependendo do caso, é possível trabalhar com alguma dor física, mas com dores emocionais dificilmente se consegue fazer qualquer coisa, pois nosso pensamento fica paralisado. Absenteísmo no trabalho pode ser um indicador forte de problemas mentais, como depressão e alcoolismo.

Em outras palavras, vale a pena colocar atenção nos colaboradores. Olhar para sua cara e perceber se está com aparência de chateação ou angústia. Mesmo alegre, também é saudável tentar saber a razão da alegria. Se não está fazendo as tarefas adequadamente, em vez de passar uma descompostura, pergunte se algo está acontecendo.

Sua empresa estimula que os empregados possam manifestar descontentamento com a chefia, sem correr o risco de demissão? Podem discordar do gerente? Se isso existe, sua organização terá pessoas mais engajadas e saudáveis trabalhando.

O Viagra e a vida sexual dos casais

O Viagra é um medicamento já muito conhecido. Há anos no mercado, tem a pretensão de ajudar os homens no processo de ereção para o ato sexual. Trata-se de um avanço maravilhoso, responsável por muita satisfação e bem-estar na vida de vários casais. Contudo, há algumas distorções que ocorrem em torno do uso desse remédio que merecem ser comentadas.

Os homens são acometidos de várias formas de dificuldades sexuais. Falta de ereção, ereção parcial, falta de desejo, ejaculação precoce, retardo excessivo da ejaculação. Nossa sociedade é bastante sexualizada, e muito da consistência das relações entre casais se sustenta no desempenho sexual. Entretanto, isso poderá ser pouco. O corpo é usado tanto pelos homens quanto pelas mulheres como um chamariz, uma isca para que o parceiro possa ser atraído, interessar-se.

Nessa linha de raciocínio, perceba a importância do desempenho sexual para validar e consolidar a relação. Não existe Viagra feminino. As mulheres estão em desvantagem, pois a indústria farmacêutica se preocupou em atender os homens num primeiro momento, pois são os que comandam os grandes negócios do mundo. Ou seja, giram as finanças e a economia.

Diante dessa necessidade da conquista da parceira via sexo, a potência sexual masculina é a prioridade número um, número dois e, talvez, número três! O homem com impotência ficará muito abatido e tenderá a afastar-se do universo feminino. Sua estima vai lá para baixo. Como então lidar com um problema tão presente? As dificuldades de ereção representam uma constante – e enorme – pedra no sapato do humano macho.

E aqui entra a magia do Viagra. Na verdade, não é tão mágico, pois não traz ereção para todos que o usam. Por sorte! Imagine se funcionasse em 100% dos casos. Talvez muitos homens não pensariam em conquistar uma mulher com afeto, afagos, cumplicidade, intimidades e amor. Bastaria o Viagra!

Todavia, quero oferecer a vocês uma visão muito particular sobre a impotência sexual, sobre a *broxada*. Dou aqui uma percepção minha com a qual, *a priori*, muitos não concordarão: entendo que pode ser bom se o homem ficar impotente no começo de uma relação. Falo de uma relação que não seja efêmera, passageira; que não seja uma "aventura", mas algo que pode virar um relacionamento mais intenso, com vínculo e duração. Defendo essa ideia, portanto, de que não é maléfico que o homem *broxe* ocasionalmente logo no início de seu envolvimento com uma mulher com a qual pretende seguir adiante. E explico essa minha teoria.

Essa situação para lá de desagradável e constrangedora para o homem pode ser uma grande oportunidade para o estreitamento dos laços – basta que possa falar com a companheira sobre esse seu momento difícil. Por favor, não saia usando Viagra de cara! A impotência sexual masculina, em sua imensa maioria, quase 100% dos casos, não costuma estar associada a problemas hormonais, como falta de testosterona. Logo, não adianta tomar injeção de testosterona para melhorar a ereção. Dito isso, posso afirmar que a grande razão da impotência é de origem emocional, inconsciente, da nossa *cuca*.

Voltamos ao papel feminino diante da impotência masculina. Penso que a mulher lida muito bem com a dificuldade sexual do parceiro no início da relação. Quando o homem fala verdadeiramente sobre a ansiedade decorrente daquele começo, traz a mulher para perto; ela, por sua vez, certamente se sentirá como parte da recuperação da potência perdida. Elas não se frustram nem diminuem seu sentimento pelo companheiro em função de dificuldades de ereção. Percebo no universo feminino que, ao conhecerem um novo parceiro, a prioridade é a aproximação, a intimidade, o conhecimento, a troca de agrados e afetos. É claro que desejam também plenitude sexual, mas sexo, de imediato, parece fazer parte do universo masculino, como se fosse para marcar território, *com uma boa "trepada"*.

As mulheres são naturalmente acolhedoras, atenciosas. Se percebem que seu par está com alguma dificuldade, participarão disso e ajudarão de bom grado. E se os homens abrem as portas para isso, então elas se sentem sobremaneira valorizadas. E isso fortalecerá o relacionamento. Portanto, em vez de recorrer a um medicamento, o homem pode recorrer à mulher.

Eis, portanto, minha teoria: não é ruim ficar eventualmente impotente, desde que estejamos ao lado de uma mulher compreensiva, "competente" e pela qual se tem atração, admiração e amor. O Viagra não precisará ser ingerido, podendo ser trocado por abraço, afago e carinho feminino. Acreditem, esse entrosamento costuma dar certo, mesmo que se precise de muitos dias. O Viagra poderá estar ao seu lado, de saia e batom, e não precisará ser comprado em farmácia.

Atenção, homens, a essas dificuldades eréteis. Não se metam a beber para tentar resolver o problema. Vão ficar chatos e agressivos – e a relação ficará à mercê do trago para ter algum sentido. O álcool aumenta a impotência sexual, mesmo que dê uma sensação de leveza e descontração. Ruim, não?

Agora, em relações mais antigas, já solidificadas pelo tempo e pela cumplicidade, o Viagra pode ser um grande aliado. Mas é importante não se esquecer dos valores que conduziram a união a tantos anos de história – refiro-me a honestidade, cumplicidade e intimidade. Falo isso porque é comum homens com relações duradouras passarem a tomar Viagra, mas esconderem isso de sua companheira. Qual seria o sentido desse tipo de atitude, de camuflar que está usando Viagra? Pode ser uma prova de pouca intimidade, de desrespeito e desatenção com a parceira.

Outra possibilidade seria de ordem psicológica. O sujeito pretende mostrar-se o bacana, o bambambã do pedaço, o grandioso, que corresponde a querer mostrar uma realidade que não existe. Mais uma vez, percebe-se em alguns homens o sentimento de que serão menores, frágeis, incompetentes se não tiverem sempre ereção. Temem que a companheira se desinteresse e possa olhar para outros varões. Evidentemente, esses homens que fazem uso escondido da medicação são inseguros, têm pouca intimidade com uma relação afetiva, pouca capacidade de se vincularem amorosamente. A única potência que imaginam ter é a sexual, por meio da ereção.

Imaginem essa dissociação entre o homem que deseja transar e usa Viagra escondido e a mulher que, naquele dia, não está interessada em sexo. O caos!

O sujeito de pênis ereto, aparentemente demonstrando um grande desejo ou tesão pela mulher, mas abandonado à própria sorte. Ou, pior, a mulher se submetendo ao desejo dele, mesmo sem vontade alguma. Risco de se criar um distanciamento do casal.

É mais saudável e respeitoso combinarem abertamente o uso de algum aditivo para aquele momento festivo. Não se esqueçam de perguntar ou sentir, na troca de afagos, se sua companheira está disposta ou receptiva para uma relação sexual naquele momento.

As várias facetas do *bullying*

O *bullying* é um abuso verbal consciente de uma pessoa ou de um grupo contra uma pessoa. É o famoso "tirar sarro", "gozar com a cara", "pegar no pé". Por exemplo: você encontra um amigo que era gordo e que, após um regime, acabou emagrecendo. Em vez de se regozijar com o companheiro, de elogiar seu esforço e celebrar com ele sua conquista, você diz:

– Nossa, o que aconteceu, pegou AIDS para estar magro desse jeito?

Ou encontra alguém que era careca e fez um implante de cabelos. Em vez de comentar sobre a determinação da pessoa, ou demonstrar interesse a respeito do procedimento, vem o deboche:

– Pô, o que é isso! Coisa mais ridícula implantar cabelos! Não é coisa de homem!

A amiga ganhou peso e vem o comentário maldoso:

– Tá grávida? – mesmo sabendo que ela não está.

Ou seja, temos essa tendência ao desdém, ao desprezo, à troça agressiva. Falo "você" e "nós" aqui de forma genérica, pois é algo que se observa bastante no cotidiano. São manifestações de comportamento que sempre existiram e dificilmente deixarão de existir, algo afeito ao cotidiano das relações humanas. Mas isso pode ser revertido, caso consigamos observar nossas palavras e deixar de ofender os outros gratuitamente.

Quando damos um "apelido" para alguém, geralmente destacamos aspectos que o diminuem ou desqualificam. Não seria uma forma de *bullying*? Claro que sim! Creio que o pior *bullying*, o mais intenso, frequente e marcante é o que se desenvolve dentro de casa. O *bullying* social, na esfera do trabalho, nos esportes, entre amigos, talvez se disfarce melhor porque tem a máscara da brincadeira, da "gozação", do exercício da liberdade entre amigos.

Em casa, em família, porém, a desqualificação é mais tolerada e com um grau de agressividade latente ou explícito. Pais que maltratam os filhos, desvalorizando suas conquistas e criticando excessivamente suas dificuldades. Aqueles casais que passam com críticas de toda natureza, falando mal do parceiro ou atacando as suas famílias de origem, podendo chegar aos extremos, com berros e xingamentos. Irmãos que discutem sem parar e procuram prejudicar um ao outro.

Enfim, são muitas as formas de manifestação do *bullying* doméstico. Outra atitude com perfil de *bullying* são as competições estimuladas pelos pais entre os filhos, falando que um é melhor do que o outro. Trago outro fato corriqueiro. A criança, ou o adolescente, deseja dar sua opinião numa conversa familiar, o que seria, ao meu juízo, muito saudável. Não raro, os pais ou irmãos mais velhos dizem: "Cala tua boca, não te mete nesta conversa, pois não é coisa para gente da tua idade!".

Esse procedimento é amplamente danoso. Enfraquece as relações que deveriam se desenvolver intensas, afetuosas e encorajadoras. Gera desconfortos e desconfianças entre pessoas que deveriam ser cúmplices e ter intimidades. E, além dessas e outras consequências diretas, há as sequelas emocionais. Uma pessoa criada em um ambiente familiar de *bullying* talvez tenha dificuldade de se defender desse tipo de agressão quando ela surgir em meios sociais ou profissionais. Será presa fácil dos praticantes de *bullying*. Por outro lado, para compensar essa passividade derivada da anestesia emocional que sofreu ao longo da vida, essa pessoa poderá desenvolver uma agressividade desmesurada, direcionando-a para as pessoas mais pacíficas e tranquilas de sua convivência. É como o jovem que apanha dos fortões da escola e compensa sua frustração contra os *nerds* mais fracos.

Certa vez, fui ao teatro assistir a um *stand up comedy*. Trata-se de um tipo de apresentação em que um comediante fica sozinho no palco, em pé, apenas com o microfone na mão, fazendo piadas em cima de questões comuns, cotidianas. Pois esse "espetáculo" a que assisti era todo construído em cima de um tipo de *bullying* consentido. Tudo que o ator fazia era debochar, ridicularizar e mesmo humilhar agressiva e grosseiramente as pessoas que estavam na plateia. Ou seja, todos que estavam lá, incluindo eu mesmo, pagaram para que alguém os esculhambasse. Idosos, mulheres, pessoas com alguma imperfeição estética, homens... Ninguém escapava do deboche profissional do comediante.

Uma senhora levantou-se, e o comediante perguntou: "Vai fazer xixi? Está com a bexiga frouxa? Não pode esperar acabar o *show*?" Saí de lá preocupado, pois a gargalhada corria solta. É evidente que esse *show* é uma atividade passageira, em que o riso dilui o aspecto sádico do artista; logo, não irá nos adoecer. Não se trata de um *bullying* propriamente dito, que precisa ser combatido, mas é uma maneira de diminuir o outro para que possamos nos divertir. Citei essa atividade artística mais no sentido de pensarmos sobre a atitude corriqueira de gozar com o outro. Confesso que saí pensando se eu não era o problema. Talvez eu seja um sujeito sensível demais a essas coisas!

Mas é assim que se dá essa questão do *bullying*: com mil disfarces, de diferentes formas, ele está entranhado em todos os ambientes e em todas as relações humanas – incluindo aquelas em que há respeito e apreço genuínos.

Um dia, estava caminhando na rua com um amigo que sei que gosta muito de mim. Já manifestou, pessoalmente, o quanto me admira e se agrada de minha presença. Porém, nessa ocasião, encontramos alguns amigos dele, para quem ele tratou de me apresentar:

– Este é meu amigo Nelio Tombini. Ele é psiquiatra, ou seja, é meio louco, não deem muita importância para o que ele diz.

Percebam: não tenho a menor dúvida de que esse sujeito gosta de mim.

Mesmo assim, a forma de ele apresentar-me foi me denegrindo e me esculachando.

Prontamente, usei da minha melhor arma, o humor. Respondi:

– Olha, pessoal, vou legendar o que ele quis dizer: ele tem grande apreço e admiração por mim, mas tem dificuldades de dizer isso, talvez por achar que sua hombridade seria ferida. Logo, ele resolveu mostrar o afeto por mim me desqualificando.

Houve uma risada do grupo.

Sugiro que, diante de uma situação de *bullying*, devemos denunciar, falar com clareza do nosso desconforto, dizendo isso ao próprio perpetrador. Diga a seu amigo que ele está desrespeitando você; diga a seu familiar que o que ele está fazendo é desprezá-lo; diga que não gostou de determinada brincadeira. Não fique quieto. Caso você não tenha tido coragem ou percepção para se posicionar na hora do abuso, poderá num outro dia falar de sua chateação à pessoa abusadora.

Esse comportamento é muito automático, de modo que deveríamos ficar mais atentos quando abrimos a boca para expressar o que pensamos. Confesso que já disse coisas de que logo me arrependi. Sempre que pude, falei para a pessoa que fui indelicado, que não tinha gostado do que disse a ela. Penso que é uma forma mais adequada do que somente pedir desculpas.

Um dos perigos de pessoas expostas ao *bullying* na infância é a possibilidade de desenvolverem algum tipo de comprometimento mental ou psíquico no curso da vida. Podem ficar depressivas, com baixa autoestima, irritáveis, queixosas, com algum grau de fobia social, dificuldades de aprendizado. O pior é quando esses indivíduos também se tornam abusadores no desenrolar de suas próprias vidas. Uma reação do tipo "olho por olho, dente por dente".

Percebam como é fácil desenvolvermos a **arte de ser infeliz**! No caso do *bullying*, tenta-se deixar o outro infeliz. Do ponto de vista psicológico, o ataque verbal, a desqualificação do nosso interlocutor é uma defesa inconsciente chamada de projeção. Significa tentar transferir para o outro algo que é nosso – angústias, aborrecimentos, baixa autoestima, inseguranças e o que mais nos causa mal-estar. Só que não funcionará, pois nossos traumas precisam ser resolvidos por nós mesmos. Não tem como livrarmo-nos deles judiando ou tentando transferir para os outros.

É bem provável que, vendo o outro abatido ou chateado, tenhamos uma falsa sensação de satisfação. No inconsciente coletivo, o *bullying* pode ter o sentido de desmerecer o outro para que não nos desmereçam. É como se fosse atacar, despejar nos outros nossos rancores, antes que façam isso conosco. Não se esqueçam de que a estratégia do abusador, diante de nossa chateação com uma atitude desqualificadora, é minimizar o que fez dizendo que foi "apenas uma brincadeira". Claro que é um blefe, pois não faz diferença, já que o estrago é o mesmo.

Psicoeducação nas organizações

O que significa psicoeducação? Somos seres dados a extremos, do ponto de vista de nossos sentimentos e emoções. E essa característica é o fundamento de muitos dos nossos sofrimentos. Não por acaso, desde Confúcio e Aristóteles, todos os sábios indicam o caminho do meio – o equilíbrio – como a rota de um possível bem-estar. Digo isso porque, quando pensamos em uma ajuda para as mazelas da mente, as pessoas em geral apresentam dois comportamentos: ou dão de ombros e não se preocupam de forma alguma, ou acreditam que precisam sempre de um tratamento mais intenso, como uma análise aprofundada.

Se estamos envolvidos em conflitos emocionais ou queremos nos conhecer melhor, a busca de uma psicoterapia individual é um bom caminho. Mas também temos outras possibilidades para desenvolvermos nossas capacidades de perceber as emoções, de ter mais intimidade com o que pensamos e sentimos.

Este livro pode ser uma alternativa para se transferir conhecimentos na esfera da vida emocional e, dessa forma, levar as pessoas a olharem de forma mais atenta para o que sentem e como reagem. A ideia é que você, leitor, possa observar e perceber também o jeito de o outro sentir e reagir. A esse processo chamo de psicoeducação, ou *coaching*.

Do ponto de vista da saúde física, já sabemos muito. Pensem nas questões do corpo humano. Sabemos da importância de observarmos o peso, a pressão arterial, o colesterol, a glicose, o exercício físico, o tabagismo e muito mais. Conhecemos esses problemas e podemos modificá-los. Os órgãos públicos fazem campanha de esclarecimento, ajudam na prevenção, o que é muito bom.

Já quanto ao emocional nada é feito. Você se lembra de alguma campanha publicitária – governamental ou da iniciativa privada – alertando sobre os riscos do adoecimento emocional ou algo do gênero? A vida emocional é a bússola das nossas vidas, mas, mesmo assim, ela é negada, negligenciada, como se fosse algo de segunda categoria. Imaginamos "tirar de letra" as dificuldades ligadas às relações, como se nascêssemos aparelhados para essas demandas. Ledo engano!

Quando um indivíduo está paralisado em decorrência de sintomas depressivos, ou por ansiedades, ele sente que algo está errado. Nesse momento, lembra-se de buscar um psiquiatra ou psicólogo. Provavelmente, sairá fortalecido desse acompanhamento. No entanto, poucos buscam ajuda de um profissional ligado à área da saúde mental se não estão adoentados emocionalmente. A grande maioria se atrapalha e padece no dia a dia, mas acha que a vida é assim, que sofrer é um fardo natural da vida, e tende a buscar uma série de explicações racionais para justificar seu mal-estar.

Pode-se sofrer demasiadamente diante de uma recusa de transar da esposa, de uma ordem da chefia, de um convite não feito (como para uma viagem acompanhando a diretoria da empresa), da derrota de seu time, do discurso tapeador de um político... É preciso, pois, ter clara a diferença entre não concordar com algo ou chatear-se e sofrer de fato, ao ponto de ter algum tipo de sintoma de origem psíquica.

O caminho do meio entre a negligência e a preocupação desesperada é pavimentado pelo conhecimento, pela autoeducação. É esse trajeto que tento trilhar dentro das empresas e de outras organizações profissionais e sociais, com um método de instrução no qual vamos conversando sobre questões comuns, mas que se configuram em imensas dificuldades, se não detectadas com clareza e atacadas.

Por meio de palestras, *workshops* e conversas individualizadas ou em grupos, é possível transferir esclarecimentos sobre conceitos fundamentais, presentes e estruturados em nossas personalidades e que, se não entendidos, poderão tomar conta dos sujeitos e minar suas vidas pessoais e profissionais.

Falemos sobre o *coaching* emocional ou psíquico. *Coaching* é palavra inglesa que designa atividade de formação pessoal em que um instrutor (*coach*) ajuda seu cliente (*coachee*) a evoluir em alguma área da sua vida. Aqui não se trata de dar "dicas", mas de instrumentalizar os gestores a terem sensibilidade e percepção para as mensagens verbais, não verbais, subliminares e inconscientes que compõem o rol da comunicação.

É comum escutarmos um colaborador classificar como "burrice" uma conduta ou atitude de um diretor ou gerente de uma empresa em relação a alguma demanda dos funcionários. Burrice tem relação com pouca capacidade intelectual, pouco conhecimento técnico sobre um assunto ou pouca inteligência. Na verdade, na maioria das situações, não se trata de falta de inteligência, pois, para ser diretor, é preciso ter um bom nível intelectual. O que se observa nessas tomadas de decisões relacionadas a pessoas é a falta de intimidade com a vida emocional.

Pensemos num exemplo frequente do cotidiano masculino. Um homem que era potente sexualmente começa a ficar impotente. A conduta provável é ir ao urologista e querer tomar testosterona ou Viagra, com a certeza de que se trata de problema físico ou de uma baixa hormonal. Porém, afirmo que em 99,9% dos casos o problema é de cuca, está na cabeça, no emocional da pessoa. Se o sujeito insistir com o urologista, sua impotência só tenderá a piorar. Precisará de uma ajuda de alguém com habilidade para lidar com a vida emocional.

No mundo corporativo a coisa não é distinta. A tendência dos diretores ou gestores é lidar com os outros baseados naquilo que seu imaginário sinaliza como o mais adequado – o que não é inapropriado. Percebo essa conduta nos planejamentos de metas. Planejam na sua mente: "Vamos alcançar esse ano um crescimento de 20%", mas, efetivamente, não sabem explicar de onde tiraram esse número a ser alcançado nem como chegar lá. O desafio está lançado, e os colaboradores que se virem para buscar esse resultado. Essa conduta tem relação com um pensamento grandioso, mágico e onipotente, não se relaciona com a realidade objetiva. Logo, tem tudo para dar errado.

Ou seja, ao falar sobre questões amplas, tão comuns, podemos estar atacando problemas que estão dificultando as relações e a produtividade num ambiente organizacional. Imagine o desejo de controle manifestando-se de forma intensa em um chefe. Ou um funcionário que não tem claros os limites entre o poder e a potência – entre ter um cargo e deter autoridade real sobre um assunto. Ou, ainda, a raiva descontrolada, a projeção de dificuldades pessoais sobre os outros. Enfim. São atitudes que parecem banais porque são muito recorrentes, mas que atrapalham – e muito – o ambiente de trabalho.

O assédio moral tem sido cada vez mais apontado dentro das organizações. Parece uma febre que tomou conta do mercado de reparação jurídica. Coisa mais comum é hoje a Justiça trabalhista albergar reclamatórias de quem busca ganhar algum dinheiro por meio da denúncia de assédio moral. Um reflexo do assédio é a inabilidade dos gestores para oferecer aos colaboradores seus pontos de vista com clareza, respeito e delicadeza.

Por isso tudo, é muito importante que as empresas pensem em buscar profissionais com um olhar apurado sobre a vida psíquica individual e coletiva, a fim de facilitar os processos relacionais. Em tempos em que a – acertada – preocupação com a saúde física dos funcionários é uma constante, é hora de cuidar também da psique.

Costumo afirmar – e já disse neste livro – que a maioria das pessoas apresenta certo grau de **analfabetismo emocional**. E não poderia ser diferente: praticamente não temos fontes claras e elucidativas para buscar conhecimentos e informações que nos auxiliem na nossa própria educação psicológica. Os livros que tratam desses temas costumam ser muito teóricos, áridos, ajudando pouco a quem deseja expandir seus conhecimentos em relação ao psiquismo humano.

Recebemos pelas mídias um sem-número de orientações sobre como cuidar da saúde física, mas somos completamente abandonados no que toca à mente, que é deixada num segundo plano. Isso já demonstra uma carência que enfrentamos, tanto na vida individual como na coletiva – e que se aviva nas empresas. Dentro das instituições se espera uma cumplicidade de ideias e atitudes entre quem orienta as ações e quem as desempenhará. Para tal, é fundamental ter mais intimidade com o funcionamento do aparelho psíquico.

Olhando para outro ponto, convido a se pensar na possibilidade de os colaboradores poderem expressar o seu estado de ânimo ou espírito quando chegam para trabalhar. Seria bastante interessante que, quando não estamos bem, possamos dividir nossas mazelas com quem nos cerca, principalmente as chefias, sem o temor de preconceito ou de perda do emprego.

Você não tem essa bola toda

Gostamos muito de fazer de conta que somos humildes, modestos. Vivemos invocando a fórmula "*modéstia à parte...*" para introduzir um elogio que faremos a nós mesmos. A verdade é que muito seguidamente falamos algo colocando a modéstia de lado, de modo que ela praticamente inexiste.

Alguns, porém, tendem a se diminuir, achando que têm poucos valores, não acreditando em si mesmos e deixando de defender seus pontos de vista. Outros, ao contrário, se acham muito melhores do que os demais, com a certeza de que têm a **bola muito cheia**.

Com certeza, as duas situações descritas acima são igualmente atrapalhadas e trarão dificuldades nas relações dessas pessoas.

É bom sustentarmos um ponto de vista quando temos convicções de que ele é adequado e consistente. Mas, mesmo com a percepção de que estamos certos, posso dizer que uma das mais recorrentes questões a nos chatear no dia a dia é a injustificável necessidade de que os outros concordem conosco. Essa questão de nos acharmos especiais, de termos a bola cheia, independe do quanto somos cultos, ricos, graduados etc. Tem mais relação com aspectos de nossa personalidade do que com a realidade externa.

Portamo-nos, então, como inflexíveis ideólogos: pessoas que se apegam a uma ideia – na verdade, a uma crença – e transformam-na em ideologia, querendo que os demais a aceitem. Quando vamos por esse caminho, de acreditar que somos sabedores de tudo, deixamos de conversar com as pessoas. Passamos a travar verdadeiros embates, que somente acabam quando cai o inimigo, ou seja, quando derrubamos a resistência do interlocutor, que passa a concordar com o que falamos. No fim das contas, passamos a alimentar e a exercer o desejo de controle, de domínio sobre a vida ou sobre o pensar dos outros, algo como um ditador.

Por maior que possa ser a sensação de poder gerada por esse comportamento, saiba que se trata de uma grande fonte de sofrimento, conflitos, rusgas e até inimizades – e um belo caminho para a infelicidade. Se você aprofundar-se nisso, esteja certo de que as pessoas poderão permanecer ao seu lado apenas por medo, necessidade ou, mesmo, interesse. As demais, que nada lhe devem, provavelmente se afastarão.

Pode ser que você seja um chefe, gerente ou diretor em uma empresa. Então, esse seu comportamento será engolido, com muito custo, por seus subordinados. Contudo, eles nutrirão enorme antipatia por você. Também é possível que você seja tolerado por um ou outro familiar, uma ou outra pessoa com algum laço de proximidade ou afeto (normalmente, pais e filhos). Sempre que alguém se submete ao outro, logo a coisa evolui para boicote, consciente ou inconsciente. Ou seja, o oprimido acaba se afastando ou mesmo dificultando uma tarefa a ser realizada. Ou seja, sempre virá o troco, a conta a ser paga. Olhe à sua volta. Se isso acontece, é muito provável que você se comporte como alguém que acha que tem a bola muito cheia.

Procedendo assim, você só faz mal a si mesmo e aos demais. Nada de bom lhe resta disso. Pense em todas as situações cotidianas que vive, não apenas nas relações mais diretas. Se você se acha especial, poderá sofrer muito com situações ordinárias, como ter de esperar em uma fila no mercado ou no banco, um carro o ultrapassando sem sinalizar, uma mensagem sua não respondida, um encontro desmarcado em cima da hora etc.

Seu ego gigantesco pensará: "Quem sou eu para ter de passar por isso?". Ora, você é apenas uma pessoa comum, como todas as demais. Quando você tiver uma perda importante, material ou amorosa, ou ainda a morte de um ente querido ou uma doença grave, entenderá com clareza a que estou me referindo. Somos todos iguais e nos igualamos pela nossa fragilidade e finitude!

Já pensei em poder mandar em todas as pessoas, ser acolhido e aplaudido por todos, não ser contrariado, ser o dono da verdade e ter uma bola muito cheia. Mas, quando percebo que minha bola ora está meio murcha, ora um pouco mais cheia, isso me faz bem, pois me defronto com a realidade – e entendo que sou só um ser a mais neste Universo. Minha mente se apazigua e fico menos exigente comigo mesmo.

Não, nós não temos todo o poder e toda a moral que às vezes julgamos ter. Na maioria dos casos, na quase totalidade das relações e das situações, cada um de nós é apenas mais um. Não importa se você pode dar carteiraço (impor-se pelo cargo que ocupa), se tem muito dinheiro, se tem influência política, se publicou diversos livros em sua área, nada disso. Sem dar a devida atenção aos outros, tudo o que você conseguirá serão relações superficiais, mantidas pelo medo e pela necessidade de quem é obrigado a relacionar-se com você. E isso, definitivamente, é um ápice na **arte de ser infeliz**.

Não se esqueça de que o ser humano tem a tendência de terceirizar sua vida; ou seja, espera que alguém diga qual é a melhor decisão ou o melhor caminho a seguir. Essa postura estimula a ação de um controlador de plantão ou do sujeito que pensa ter a bola cheia. Estamos cercados de pessoas assim. Percebo no meu trabalho pacientes me perguntando qual seria a solução ou o melhor caminho a seguirem. Costumo sair com esta afirmação, que é verdadeira: "*Como vou opinar na sua vida, se em algumas situações não sei nem o que é melhor para mim no meu cotidiano?*". O papel de um psicoterapeuta é examinar com o paciente as possibilidades, mas não decidir por ele o melhor caminho a seguir.

Atualmente, gosto mais de quem sou do que há alguns anos. Basicamente, tenho mais percepção e lido melhor com as minhas limitações, fragilidades e com as imposições que a vida me oferece. Percebo que me irrito menos com as frustrações do cotidiano. Acho ser um bom termômetro de bem-estar emocional.

Penso que um bom exercício no nosso dia a dia é ficarmos atentos para nossa reação diante de interlocutores, principalmente quando discordam de nossas explanações, solicitações, ideias ou teses. Se tendemos a nos irritar nesses supostos diálogos, é um mau sinal, pois queremos desbancar o nosso interlocutor e trazê-lo para nossa verdade. Estarmos atentos e focados no que se passa em nosso emocional é importante, pois perceberemos a diferença existente em cada um em relação ao jeito que expressa seu pensamento. Provavelmente, seremos mais tolerantes com as ditas verdades alheias e passaremos para outro tema, sem nos sentirmos diminuídos ou submetidos pelo outro.

Outro dia, fui conhecer um restaurante novo, bem recomendado. Chegando lá, ao tentar entrar, fui impedido pelo proprietário, dizendo que já não estavam servindo refeições. Perguntei a que horas fechava. Respondeu-me, e percebi que só haviam se passado cinco minutos. Insisti, dizendo que eram apenas cinco minutos, mas ele foi intransigente, dizendo que tinha essa combinação com seus funcionários. Tive um ímpeto de irritar-me, mas logo me acalmei e me retirei, aceitando a frustação. Se eu estivesse me achando com a *bola muito cheia*, teria reagido com irritação e me sentido injustiçado. Fez bem para minha alma e para meu coração. Fui almoçar em outro lugar.

Talvez o que se oculte no seu inconsciente, por trás dessa conduta do bola cheia, do poderoso chefão, seja uma sensação de intensa fragilidade. Se as coisas não saem do seu jeito, sua sensação de impotência, de submissão, aflora e lhe toma conta. Seu emocional não tolera essa experiência e o impulsiona para o embate. Controle-se. Respire. Pense. Afinal de contas, nem você, nem eu, nem ninguém está com essa bola toda...

Você sempre quer ter razão?

Vocês percebem como as pessoas desejam impor seus pensamentos, suas reivindicações, suas quizilas e obter razão? Muito dos ditos diálogos são quase monólogos, pois objetivam chegar a uma equação final quase matemática para saber quem é o dono da verdade. Conversar deveria ser uma maneira de ventilar, dividir o nosso pensamento e poder ouvir o interlocutor, mesmo que não concordemos com seu ponto de vista. No dia a dia, observamos os tiranos, mesmo com muita sutiliza e polimento, querendo impor suas verdades. O sujeito mais letrado, culto e articulado pode, com muita sutileza, ser um *expert* na imposição de sua vontade.

A palavra **conversar** vem do latim, *conversare*, que originalmente significava conviver com alguém, ter intimidade, estar próximo. Hoje conversar pode ter o peso de uma luta, para ver quem ganha, sai vencedor, abate o outro. Parece que, para alguns, o risco da conversa é de afastar o outro, em vez de trazê-lo para perto, de acolhê-lo, mesmo na discordância.

Queremos ser valorizados, acolhidos e aplaudidos pelos que nos cercam. Essa tensão pode trazer problemas e sofrimentos para um grande número de pessoas. De que maneira? Por meio das divergências, dos conflitos, das intransigências com que reagimos perante as contingências da vida. Temos muitas crenças que são ideias preconcebidas e estão arraigadas em nossa mente, e carregamos esses pensamentos em tudo que fazemos na vida.

Vivemos permanentemente em conflitos. Não é possível vivermos sem a presença deles, que ora ocorrem com o mundo externo (os outros), ora se dão com o mundo interno (nós mesmos). Neste texto, debruço-me sobre os embates exteriores com o nosso entorno.

Temos os ditos conflitos objetivos do cotidiano, inerentes à vida, que implicam em conversas entre as partes para serem contornados: impasses no aluguel de um imóvel; um acordo não cumprido; uma cobrança indevida; uma dificuldade no trânsito; uma combinação não confirmada; uma tarefa feita diferentemente do acordado; uma separação amorosa; discussões por ideologias políticas, religiosas ou culturais; e outras razões sem fim.

Quando estamos em um conflito, em um debate, discutindo ideias, projetos, coisas abstratas ou concretas... Não importa – onde há contenda, há alguém querendo impor sua opinião. Eis mais uma tendência natural desse ser estranho que é o humano: desejar sempre ter razão. "A minha palavra deve ser a última."

É evidente que devemos usar de toda ponderação e argumentação, pois é importante, nas discussões do cotidiano, que nosso ponto de vista seja levado em consideração. Mas a pergunta que faço é precisamente esta:

Em algumas situações, qual seria a diferença entre concordarem ou não com nosso argumento, com nossas ponderações?

Parece que, para as pessoas inseguras, a possibilidade de que alguém não pense como elas acarreta um sentimento de submissão, de desqualificação, de apequenamento, de menosprezo, como se tivessem perdido uma luta.

Ficar sem a razão, sem ser ouvido, pode ser sentido por alguns como se fosse a mesma coisa que saber que não tem nenhum valor. Ato contínuo, irritação e raiva podem se manifestar como mecanismos de defesa. Os que têm uma melhor autoestima, com certeza, encararão essa experiência como ocorrências naturais, menos sofridas.

Na minha vida, já passei por um sem-número de situações em que me senti injustiçado – ou seja, momentos em que achava que tinha razão, mas não consegui o que queria. Lembro-me de quanta energia gastei, dentro de mim, remoendo, repensando, brigando no meu pensamento com alguém que não concordou com minhas ponderações. Evidentemente, nunca cheguei às vias de fato por não aceitarem minhas argumentações.

Apresento um exemplo. Um banco me enviou um cartão de crédito que eu não solicitara. Eu nem mesmo era cliente do banco. De fato, nem chegou às minhas mãos o tal cartão. Porém, depois de um tempo, comecei a ser cobrado pela anuidade do cartão, sem tê-lo recebido. Fiz contato com os responsáveis, sem sucesso. Passou mais um tempo e um escritório de advocacia começou a ligar-me diariamente, como se fosse uma tortura, para que eu pagasse a dívida. Pasmem: o valor era de R$ 65. Pensei em pagar para me ver livre, mas achei que seria cúmplice dessa safadeza. Ligava para o tal escritório, explicava tudo, mas não funcionava. Só consegui resolver quando ingressei na Justiça, na vara das pequenas causas. Não recebi nenhuma indenização por danos morais, mas pararam de me infernizar. É claro que sofri muito, mas percebi que não consegui transmitir a eles as minhas razões, de modo que, para diminuir o meu nível de irritação, fui à Justiça. Gostaria que me tivessem dado mais importância. Mais uma vez, percebi minha insignificância diante da vida. Percebam a trajetória trabalhosa que percorri, pois queria ser acolhido nas minhas razões; sem êxito, porém.

Essa foi uma situação, mas teria muitas outras para mostrar a importância de não nos deixarmos abater emocionalmente com casos em que, a despeito de termos todas as razões do mundo, acabamos tendo de abrir mão delas e buscar uma saída alternativa.

Nas discussões entre os casais, observo a dificuldade da convivência quando um dos cônjuges pensa diferentemente do outro a respeito de assuntos do cotidiano. Podem chegar ao ponto de repensar se vale a pena ficarem casados com alguém que pensa de forma totalmente distinta. Vejam como temos tiranos, espécies de ditadores de plantão por aí!

Nessa linha dos donos da razão, prestem atenção na maneira como alguns indivíduos fazem de conta que dialogam. Aparentemente, escutam seu interlocutor, mas, de fato, estão só aguardando uma brecha para voltarem à carga com suas ideias. Não estão preocupados com ouvir a ponderação do outro, pois se veem como os donos da razão e querem impor seus pensamentos. Políticos são *experts* nessa postura. Caso perceba num bate-papo a presença desse tipo de sujeito, acho legal escancarar a ele seu jeito de relacionar-se.

Na Psicobreve, clínica pela qual sou responsável, já presenciei pacientes que se atrasaram e perderam a consulta. Diante do fato desagradável, alguns se "enchiam de razões", dando desculpas esfarrapadas e criando situações conflituosas com os recepcionistas e querendo ser atendidos de qualquer jeito.

Cheguei a interferir numa ocasião, mostrando para a pessoa que já havia o aborrecimento real pela perda da consulta e que encher-se de razão não mudaria o curso das coisas, só a deixaria mais abatida e irritada.

Lembrei-me de um episódio com um amigo e seu filho adolescente. Em algumas situações, o filho não cumpria alguma tarefa combinada ou aguardada pelo pai. Diante de claras razões e ponderações paternas, o filho não mudava sua opinião nem sua postura. Tornava-se uma relação desafiadora e com riscos de perda de controle para ambos. O pai se irritava, tinha desejo de brigar, mas pensava: "O que fazer? Desqualificá-lo, obrigar a fazer a tarefa ou ficar numa retórica infindável, para ver se ele mudava de opinião?".

Sugeri que interrompesse a discussão quando surgisse um impasse com risco de perda de controle das partes, que tentasse retomar o assunto uns dias depois, sem o peso da forte emoção daquela discussão anterior. Abriria mão da sua convicta razão para transformar num efetivo e – às vezes – eficiente bate-papo. É uma maneira de abrir mão de se ter razão para poder chegar àquele ponto desejado, por meio de reflexões, confrontações e argumentações.

O grande problema é que, no mais das vezes, quem se dá a discutir tudo com todos não está de fato interessado no objeto da discussão, no fato que está em pauta. Tudo o que deseja é um espaço e uma plateia para dizer o que pensa, para exibir-se. Prova disso é que esse sujeito quase sempre combaterá sua opinião a respeito de algo com uma crítica pessoal. Você diz o que pensa a respeito, por exemplo, da política econômica vigente, e o sujeito, em vez de contrapor sua opinião dentro da questão, desqualifica a sua pessoa, com alguma ofensa em relação às suas características. Esse é um recurso retórico chamado argumentum ad hominem – ou seja, um argumento voltado não para o que é discutido, mas para quem discute.

Vale a pena descrever um pouco mais essa atitude frequente de desqualificar o interlocutor em debates, com a intenção de sair vencedor. É uma esperteza para tentar impor um abatimento ao outro, pois, muitas vezes, ataca a conduta moral do outro, mesmo sem bases reais para isso. É mais ou menos assim a estratégia: "Se não ganho na conversa, vou ganhar no grito". E isso pode dar algum resultado de fato.

Bons exemplos para isso se dão nas discussões sobre política. No contexto brasileiro, um chama o outro de "coxinha" ou "mortadela". Se a pessoa se ofender com o apelido, perderá a capacidade de raciocinar e dará força ao outro. Assim somos nós, queremos vencer qualquer um que se oponha a nossas razões ou crenças.

Efetivamente, qual é o sentido para essas pessoas desejarem sempre ter a razão? Por trás desse comportamento se escondem alguns mecanismos psicológicos que podem justificar esse padrão de conduta. Um deles é o desejo de controle, a vontade de estar no comando e conduzir as outras pessoas – mecanismo sobre o qual muito falo neste livro. Criancinhas já são umas mandonas, desejam controlar a tudo e a todos com o choro, a recusa de comer etc.

Também esconde-se nessas lutas pela razão outro sentimento, que é o de insegurança ou inferioridade. Caso não consiga impor sua razão, o sujeito é invadido por uma desvalia, como se fosse submetido ao outro. Passo seguinte, para tentar livrar-se desses sentimentos ruins, surgirá uma raiva incontrolável, que poderá levar à agressão.

Deve ficar claro que, uma hora ou outra, todos nós somos possuídos por esses sentimentos, isso é humano. Um bom indicador para saber se nos saímos bem numa discussão dessa natureza é perceber o quanto ficamos irritados depois desse embate. Se quedamos pouco irritados, é bom sinal. Se muito irritados, atenção, pois é bem provável que nos achamos derrotados ou submetidos ao outro.

A doença mental pode dar poder?

Sílvia tem 30 anos, é solteira, tem formação universitária, inteligente, competente e capaz. Reside com os pais e, no momento, não está trabalhando. Os pais programaram uma viagem à Europa e voaram para São Paulo, onde aguardavam a conexão para o exterior. Sílvia então telefona para os pais relatando forte angústia e mal-estar por ficar em casa sozinha. Temia enlouquecer ou morrer de um ataque cardíaco se eles não retornassem.

Para a desgraça da moça, os pais acabaram voltando para Porto Alegre, deixando de lado seus planos. Sim, *desgraça* não apenas dos pais, que deixaram sua programação de lado. Para a jovem também foi ruim, pois recebeu um reforço positivo para a manutenção de sua doença. É como se recebesse um bônus, reforçando a ideia de que seria frágil, e só a presença dos pais poderia acalmá-la. Seus pais, por sua vez, achavam-se muito importantes em sua vida, de modo que pouco se afastavam dela. Havia muito tempo que dispensavam cuidados fora do comum à moça, em detrimento dos outros filhos.

Ela perdeu o emprego em decorrência dos prejuízos causados pela doença. Tinha medos de ficar só, de sair desacompanhada, era acumuladora de objetos e temia pegar doenças (o que acarretava muitas lavagens das mãos). Dentro de casa e na companhia dos pais, sentia-se plena, segura e sem ansiedades.

Essa história até parece a de super-heróis que, chamados às pressas, aparecem para salvar alguém. Ou seria Sílvia a heroína, capaz de, com um movimento, controlar e mudar o caminho de seus pais? Bem, essa é uma história real. Na verdade, seu aparente superpoder serve para encobrir sua fragilidade psicológica ou emocional. Trata-se de uma moça assustada e insegura no trato de sua vida.

Observamos com clareza a sintonia que ocorre entre sintomas psiquiátricos desconfortantes e o cotidiano do doente. Evidentemente, não é uma armação consciente da paciente para tirar proveito de seus sintomas; é algo produzido inconscientemente no seu imaginário. Na verdade, ele não se beneficia, mas perde em seu processo de individualização, desenvolvimento e crescimento. Parece uma loucura, um despropósito, algo surreal. Mas, para o nosso inconsciente ou imaginário, nada é surreal, tudo é possível, tudo é absolutamente compreensível.

Essa experiência que relato mostra um conluio subliminar familiar, pois os pais também necessitavam da filha adulta colada neles. Algo assim: "Você só cresce em idade, mas, emocionalmente, permanece uma criança insegura, dependente e grudada em nós". Essa simbiose também aponta em direção a um ganho dos pais no futuro – algo assim: "Cuidamos de você como uma criança e, quando ficarmos velhos, você cuidará de nós". Por meio desses sintomas, desenvolveu um estilo de relacionar-se com os pais, em que a doença psiquiátrica lhe dava poderes. Percebam que a pessoa com problemas mentais pode transformar seu sofrimento em "poder".

Para que essa equação dê certo, existe a necessidade de se desenvolver esse tipo de adoecimento emocional. É assim que nosso inconsciente vai criando armadilhas capazes de desviar o desenvolvimento saudável e criar um caldo de cultura propício para **arte de ser infeliz**.

É difícil a pessoa sair sozinha desse enredo, pois não tem a menor ideia do que está acontecendo, de como caiu nessa armadilha. A psicoterapia é uma possibilidade de tira-lá desse aprisionamento. Remédios podem diminuir a ansiedade, mas não solucionarão de fato nem agirão no âmago do problema, que não é químico, mas de fundo psicológico. A psicoterapia familiar também seria uma alternativa interessante.

Atualmente, Sílvia está muito melhor. Seus sintomas diminuíram drasticamente. É capaz de perceber que fazia uso de seus problemas para, em primeiríssimo lugar, sabotar a si mesma – e para controlar as pessoas de seu contexto, especialmente seus pais. Consegue fazer graça e piadas pelo que passou e sobre como agia. Tem viajado sozinha. E os pais já conseguiram ir para a Europa.

Lembro-me também de um rapaz de 15 anos que residia com a mãe, já que o pai, separado, morava em outro estado. O filho queria residir com o pai, mas a mãe não aceitava. O jovem começou a deprimir-se e a mutilar-se, cortando o braço e o antebraço com uma lâmina. A mãe se assustou, com temor de que o filho se matasse. A mãe desejava saber o que fazer, pois temia pelo suicídio do filho e pensava em interná-lo numa clínica psiquiátrica. Por isso, me procurou.

Ao conversar com o jovem, não percebi riscos de suicídio, mas um desejo de forçar a mãe a ceder aos seus anseios. Percebam a tentativa de usar o sofrimento mental para obter vantagens sobre a mãe. Havia uma luta de poder, com a mãe de um lado e o filho do outro. É claro que existia risco de internação, mas isso só aumentaria a frustração e a revolta do filho. A intervenção terapêutica ajudou os dois a desenvolver uma capacidade de comunicação mais saudável, clara e objetiva. A expressão verbal assumiu o lugar das atitudes mutiladoras. Ou seja, o poder veio pela palavra clara do desejo de estar com o pai. A mãe aquiesceu.

Espero, por meio desses exemplos, ter conseguido mostrar a vocês como o adoecimento mental pode gerar "poder" em quem se apresenta como o doente – mas um poder nocivo, que só faz enfraquecer.

Por que carregamos tanta culpa?

Falemos de uma grande invenção humana. Uma invenção que muda vidas e determina destinos, conduz pessoas, casais e até famílias inteiras rumo ao sofrimento permanente. Falo do **sentimento de culpa**. Tão antigo entre nós que não se pode determinar sua origem. Esse hábito no qual somos assíduos parece já uma característica de nossa essência, algo com que nascemos. Mas a verdade é que se trata de algo erigido, de forma civilizacional e religiosa.

Essa invenção vem da mesma fonte que permeia a civilização ocidental.

Falo da moral judaico-cristã. Essa moral foi formada sobre crenças segundo as quais o criador, Deus, seria alguém muito severo, exigente, que impunha suas vontades. Deus, de fato, é misericordioso, exime de culpa os que se arrependem de seus deslizes ou pecados, mas, independentemente disso, o sentimento de culpa já está incrustado o bastante no *ethos* (a forma de ser, o caráter, os valores éticos e hábitos) dessa civilização.

À parte da questão religiosa, sejam as pessoas crentes ou céticas, o fato é que, no dia a dia, é difícil escaparmos dessa sensação de culpa – desagradável e, por vezes, paralisante. Divido com vocês algumas manifestações que já ouvi. Coisas como:

"Sou culpada por meu filho usar drogas.
Eu errei na educação dele e por isso ele se perdeu na vida..."
"Minha mulher me abandonou por culpa minha.
Eu poderia ter agido de forma diferente e ter evitado a separação..."
"Estávamos brigados quando meu pai morreu.
Tudo culpa minha! Será que eu o matei por desgosto?"
"Não quero mais saber de mulher.

Culpo minha noiva porque estragou minha vida, me deixou..."
"Onde eu errei?"

E por aí vai.

Em primeiro lugar, é preciso dizer que, sim, sempre poderíamos ter agido de modo diferente, para melhor ou para pior. Poderíamos, mas não fizemos naquele momento. Fizemos o que foi possível ter feito. A vida é assim. Vamos agindo conforme nossos impulsos, projetos, reflexões, aparentes certezas e segundo as contingências que se apresentam. O filósofo espanhol Ortega y Gasset definiu o eu de forma perfeita: *"Eu sou eu e minhas circunstâncias"*. Ou seja, somos aquilo que somos, mas em constante adaptação a tudo que nos acontece.

Sem sombra de dúvida, a pior culpa que podemos carregar não vem do apontamento de Deus, mas de dentro de nós mesmos. Inconscientemente, o culpado perpetua esse sofrimento, como se necessitasse penitenciar-se, castigar-se. Por um desejo masoquista de solidificar esse sentimento, busca fora de si a origem do sofrimento, achando culpados e malfeitores que justifiquem a razão de seu transtorno. Evidentemente, não é nada difícil achar culpados em nosso entorno. Assim, vai sedimentando-se esse mal-estar, que, aparentemente, ficaria sem solução, e se repetiria para sempre. Para aplacar o sentimento de culpa, o sujeito desenvolve então um ritual de penalização, penitência e purgação, para tentar se livrar desse mal. É claro que não existirá solução por meio desse caminho.

Seguindo essa linha de pensamento, em que o sentimento de culpa é uma produção do indivíduo e não de Deus, descreverei duas estruturas que estão presentes no imaginário das pessoas, em maior ou menor intensidade. Falo do sentimento de grandiosidade e do de onipotência. Esses dois mecanismos se parecem e costumam andar juntos. Criam na mente do sujeito uma ideia de que ele é muito poderoso, o senhor da verdade. Autoriza-se então a meter-se em tudo; sabe o que é bom para os outros e acha que tudo pode resolver. Fica irado, contrariando-se. Deus pode ser onipotente, onipresente e onisciente, mas nós seres, frágeis e mortais... Aí é demais!

Dentro desse sujeito que se imagina tão poderoso, desenvolve-se o caldo de cultura perfeito para proliferar o sentimento de culpa e, consequentemente, se proporciona uma vivência no sujeito de que ele é o causador de todas as desgraças. É a egolatria. Eu, eu, eu. Volte nos exemplos que dei de pessoas que se culpam e repare que a palavra "eu" é muito recorrente.

> Pode parecer paradoxal, afinal de contas, quem se culpa muito estaria aparentemente abatido, colocando-se para baixo, triste. Contudo, se a pessoa está colocando em sua própria conta o resultado de todos os seus fracassos, é porque ela julga que tem um poder enorme, sempre capaz de mudar o rumo dos acontecimentos; logo, se colocaria nas alturas, melhor e mais capaz do que todos. Alto lá! Não temos essa bola toda.

Lembro-me de uma moça que carregava um sentimento de culpa terrível, com consequências danosas no seu cotidiano. Engravidou acidentalmente e teve ideias de abortar. Não o fez e tem muito prazer com o filho, mas segue purgando, sofrendo e tendo uma vida errante, só porque pensou em abortar. Pensar coisas ruins, evidentemente, não é pecado e não leva ninguém à cadeia. Nesse caso, essa pessoa se acha muito importante, grandiosa, só por ter pensado.

O que o ser humano, esse serzinho frágil, poderá no máximo ter é responsabilidade diante da vida, pelos seus atos. Só isso, bem menos do que o sentimento de culpa, que é para os que se acham com a bola muito cheia. Claro, sempre que eu tomar uma decisão, poderei causar aborrecimento, sofrimento, chateação, prejuízos – para mim e para os outros. Assim é a vida. Simples assim.

É necessário, sim, ter senso de responsabilidade. Tomar conta do que é seu, do que está em seu encargo; mas sempre ciente de seus limites e dos limites das situações. Somos responsáveis pelas decisões que tomamos, mas não saberemos o que ocorrerá depois de uma decisão tomada ou de uma palavra dita.

Sempre que escuto alguém fazendo opções entre um suposto certo e um suposto errado, confesso que acende uma luz vermelha dentro da minha cabeça. A ideia simplista de que tudo se resume em certo ou errado demonstra que quem carrega essa estrutura de pensamento é alguém que tem verdades absolutas na sua mente, sintonia com a grandiosidade e onipotência e terreno fértil para desenvolver o malfadado sentimento de culpa.

Há mais de vinte anos, minha mãe estava em Porto Alegre, acompanhando no hospital seu segundo marido, em coma decorrente de um câncer terminal. Percebi que ela estava cansada, abatida. Então insisti que fosse para a praia, passar o fim de semana com minha irmã, que lá estava. Eu ficaria assistindo meu padrasto. Minha mãe, aos 70 anos, era uma mulher muito ativa, dirigia e se deslocava sem dificuldade alguma. Estava em dúvida se iria, mas insisti que fosse. Foi. No caminho, acidentou-se e faleceu.

Confesso a você, leitor, que fiquei muito triste, chateado, abatido. Mas não deixei o sentimento de culpa tomar conta de mim. Tivesse deixado, minha vida teria se tornado uma grande tragédia. Ela foi à praia por uma decisão dela, mesmo que eu a tenha estimulado. Acidentou-se, pelo que soubemos, por descuido e imprudência dela. O que ocorreu foi uma fatalidade, tão somente. Triste, lamentável; mas sem nenhum culpado ativo. Claro que tudo isso não tirou a dor de tê-la perdido dessa forma.

O preconceito com a doença mental

A Organização Mundial da Saúde prevê que em 2025 a depressão será a segunda doença mais presente na população mundial, perdendo somente para as doenças cardiovasculares. Não estão incluídas nessa projeção estatística outras doenças psiquiátricas que não param de crescer, como alcoolismo, dependência de cocaína, maconha e *crack*, hiperatividade com déficit de atenção, síndromes ansiosas (pânico, *burnout*, estresse, fobias, transtorno compulsivo-obsessivo) e transtorno bipolar.

Desejo enfatizar que, quando me refiro a problemas psiquiátricos ou mentais que ensejam preconceito, não estou me referindo a pessoas psicóticas, em estado de loucura, que perderam o juízo crítico.

As pessoas conversam com serenidade sobre os males do corpo, escutam com atenção, dão orientações, falam de remédios, de chás; ou seja, se interessam e tentam ajudar quem está com doença física. Os órgãos públicos da área da saúde esclarecem a população por meio do rádio e da TV sobre campanhas para tratar ou prevenir doenças físicas. No momento em que escrevo este artigo, há uma campanha para combater a febre amarela, outra para a Zica, mais outra para a dengue, obesidade etc.

Você se lembra de alguma campanha publicitária feita pelo governo focada nas doenças mentais? Aposto que não! Por que será que não há preocupação com os problemas psiquiátricos que incapacitam tantas pessoas, tantas famílias, trazendo prejuízos enormes para o governo, em função do afastamento do trabalho? Não há essa preocupação porque o doente mental sofre calado, se isola, nada reivindica, sente-se um pária da sociedade, um inútil. Não reivindica nada, e pouco a ele é oferecido pelos órgãos públicos. Ou pior: a própria família não tolera conviver com seu doente mental.

Você já viu alguém fazendo pouco caso ou debochando de um hipertenso, de um diabético, de alguém com intolerância ao glúten ou de um canceroso? Não, certo?

O problema psiquiátrico já é um fardo demasiadamente pesado para se carregar. O próprio doente tem preconceito consigo mesmo. Aí, além disso, a pessoa tem de lidar com incompreensões várias e com o preconceito, com gozações. Já disse neste livro: as doenças físicas são levadas a sério, já as doenças mentais são negligenciadas, tidas como *frescuras* ou fracassos pessoais.

– Você é louco!

É isso que mais se ouve. Ou seja, a coisa é desprezada, vira piada. E piora quando se trata de alguém que procura entender e resolver seus sofrimentos, seus conflitos internos – conflitos, aliás, que todos temos, em maior ou menor grau. Já ouvi de vários pacientes a queixa de que, em qualquer discussão, qualquer rusga, seus familiares dizem:

– Você é maluco. Não dá para levar a sério alguém que vai ao psiquiatra, que toma remédios.

Essas desqualificações também ocorrem entre os amigos, nas relações amorosas e no trabalho.

Não é esperado alguém chegar ao trabalho e relatar para um colega ou chefe que está deprimido, ou muito ansioso, com medo de andar sozinho na rua, que sente falta de ar ao entrar no elevador, que está sem energia para fazer as suas tarefas... Por que não costumamos dividir com o outro esse tipo de sofrimento? Respondo: pelo preconceito, pelo temor da chacota; ou, ainda, porque o outro não tem o menor interesse em ouvir esse tipo de conversa. Parece que esses assuntos são contagiosos.

Imagine-se numa entrevista para conseguir um trabalho justamente enquanto você está fazendo tratamento para depressão ou para insônia. Você diria que está sob acompanhamento psiquiátrico, tomando antidepressivo? Claro que não, pois aí a chance de não conseguir o trabalho seria de 101%. Por outro lado, existiria uma grande possibilidade de esse trabalho ajudá-lo a superar sua depressão. A depressão, se tratada, pode melhorar, não sendo um fardo para o resto da vida, de modo que é possível recuperar a potência laboral. (Por outro lado, se você toma remédio para pressão alta ou colesterol, não teria nenhum constrangimento ou receio de citar isso na entrevista para uma vaga de trabalho...)

Percebam a dura realidade com que vivem pessoas com problemas psiquiátricos. Por puro preconceito. Outro dia fui procurado por um casal de baixo nível econômico, que queria adotar uma criança, mesmo uma criança que tivesse nascido com alguma doença tratável. Fizeram uma avaliação psicológica com o serviço social do Judiciário e foram barrados, porque a senhora tinha um diagnóstico de doença bipolar, com uma internação em hospital psiquiátrico no passado.

Quando conversei com o casal, mas mais atento a ela, percebi uma saúde mental vigorosa, afeto adequado, juízo crítico preservado e nenhum sinal de doença mental. Se eu não soubesse de sua doença, não perceberia nenhum sinal de transtorno bipolar nesse encontro; logo, a doença estava controlada.

Ela tomava adequadamente medicação para a doença bipolar. Fazia atividades em casa para ajudar na renda do casal. Foi internada porque na época da crise não se sabia doente. Emiti um laudo favorável à adoção, porque essa pessoa tratada é uma pessoa capaz para tomar conta de sua vida e também de uma criança. Não sou irresponsável, mas percebi nesse caso um puro preconceito contra uma pessoa devido ao rótulo de doença bipolar.

Agora, cabe questionarmo-nos:

Por que as pessoas desqualificam quem sofre de doenças emocionais ou psiquiátricas?

Entendo que isso se dá como uma forma de defesa, uma pseudoproteção. Atacando e desprezando o outro, o sujeito acha que está afastando de si a possibilidade de ele mesmo, em algum momento, vir a sofrer de enfermidade mental. O que passaria no inconsciente dos preconceituosos seria algo assim: "Longe de mim esta gente maluca, fraca, sem força de vontade e que não tem vergonha na cara!".

Coloca-se num patamar diferenciado, como se fossem seres humanos completamente diferentes. O crítico seria o saudável, pertencente a uma casta privilegiada. O outro, o doente, pertenceria a uma casta inferior. Claro que é uma defesa contra algo que se teme no imaginário. De poder adoecer emocionalmente também. Ninguém está livre de enfrentar problemas de ordem psicológica e psiquiátrica em algum momento da vida.

Os preconceitos são tão intensos que a sociedade criou uma divisão entre psiquiatras e psicólogos. Os primeiros tratariam de gente doente ou louca, dando remédios. Os psicólogos tratariam de gente mais saudável, pois somente conversam e não dão remédios. Para clarear, o psiquiatra, além de poder medicar, também faz psicoterapia. Os psicólogos somente são habilitados para fazer psicoterapias. Os dois profissionais ajudam as pessoas a recuperarem sua saúde mental.

Quero lembrá-los de que 40% da população fazem uso de alguma medicação psiquiátrica. Não sabiam disso? O Rivotril, um tranquilizante do tipo faixa preta, é um dos remédios mais vendidos no Brasil.

Olhem para vocês, para as pessoas com quem convivem, e percebam quantos sofrem de algum problema emocional, acarretando um grau maior ou menor de incapacitações. Quantas pessoas de sua família ou do seu convívio social têm problemas com o uso de álcool? Com consumo de maconha? Com excesso de irritação ou agressividade? Com insônia? Com ansiedade ou sintomas de pânico? Com dificuldades sexuais de origem psíquica? A presença de sintomas de origem psiquiátrica ou mesmo doenças mentais é mais prevalente na população em geral do que as ditas doenças físicas, ligadas ao corpo.

Sejamos então mais generosos com as pessoas acometidas de sofrimento mental, de maior ou menor intensidade. Elas, em muitos casos, se acham um "lixo", pessoas de segunda categoria. Não vamos colocá-las mais para baixo. Não é saudável jogar pedra no telhado do outro, sendo o nosso telhado de vidro. Essa é a analogia que faço para os que têm preconceito com a doença mental. Seria uma boa maneira de tirar a intensidade dessa **arte de ser infeliz** no nosso dia a dia.

O que significa personalidade forte

O termo **personalidade** tem origem na palavra latina *persona*, que significa máscara – mas não no sentido de um anteparo para esconder nosso rosto. Personalidade – ou caráter – é o conjunto de características psicológicas que determinam os padrões de pensar, sentir e agir. Freud comparava uma personalidade mais saudável com os matizes das cores. Quanto mais adaptações da personalidade do indivíduo aos contextos, mais saudável ele seria; ou seja, o colorido seria melhor do que uma ou duas cores. A personalidade é quase a impressão digital do indivíduo, pois ela é única para cada pessoa, não se repete num outro, mesmo em gêmeos univitelinos.

Eis algo que ouvimos bastante: "Aquele sujeito tem personalidade forte". Sua conotação sugere até um elogio, pois é algo geralmente dito a pessoas firmes, de convicções sólidas e comportamento imperturbável. Porém, trata-se de uma expressão tão usada quanto sem sentido. E que só tem validade se tomada exatamente como mera expressão, como figura de linguagem para descrever alguém cujos posicionamentos são bem definidos, com comportamento marcante.

A verdade é que dizer que alguém tem personalidade forte é um eufemismo que usamos para definir um sujeito que tende à intransigência, cuja postura é impositiva e inflexível. É aquele indivíduo que se enerva se as coisas não saem como espera, que não tem freios em manifestar sua indignação quando alguém o desagrada, que acha que sabe o que é bom para os outros e sempre tem opinião para qualquer assunto. Se contrariado, tende a irritar-se, gritar, destratar e maltratar os outros.

Do ponto de vista científico, não existe o conceito desse tipo de personalidade. Trata-se de mais uma convenção popular. Mas, à luz do cotidiano, parece que é bom viver ou estar ao lado desse tipo de pessoa, como se nos cuidasse e tomasse conta de nossa vida. Quando se fala que o tal da *personalidade forte* agiu "assim ou assado", mesmo que tenha uma postura que faça mal ou seja inadequada com o outro, não faltará alguém que justifique o comportamento impróprio dizendo: "*Ah, mas ele tem personalidade forte...*". Soa como um álibi para alguns truculentos com as palavras.

E quem é o alvo preferencial do sujeito de personalidade supostamente forte? Quem mais sofre com aquela pessoa intransigente e impositiva? Estou me permitindo criar um neologismo, um novo tipo de personalidade, para tentar responder às perguntas anteriores. Quem mais sofre seria a pessoa com, digamos, uma **personalidade fraca** – algo que de fato também não existe do ponto de vista da psiquiatria. Falo da pessoa que baixa a cabeça para qualquer um, que se submete, é passiva, não decide nada e aguarda que os outros a conduzam pela vida. Leia o artigo "Deixa a vida me levar...", que está neste livro, e conheça melhor a principal vítima de quem ostenta a suposta personalidade forte.

Um detalhe: essa pessoa com a suposta personalidade fraca não é tão fraca assim. Por quê? Faço essa distinção porque é importante notar que, no fim das contas, ambas as personalidades – a forte a fraca – desejam a mesma coisa: o controle do ambiente, da situação, das pessoas. No "forte" isso é bastante evidente, pois sua postura e seus procedimentos são sonoros, vistosos.

Já na "fraca" isso fica mais escondido, disfarçado. Talvez a própria pessoa "fraca" não perceba, mas seu jeito passivo, sua postura de quem está sempre esperando pelos outros, é também uma forma de domínio. Isso porque ela não faz nada, não decide, não é clara, mas vai dando pistas e conduzindo os demais para que tomem para si a responsabilidade pela decisão, mas, no fundo, fazendo aquilo que ela deseja. Existe um ditado popular gaúcho que diz que há gente esperta que "se faz de morto para ganhar sapato novo". Seria essa a tal personalidade fraca, que se aproveita de supostas fraquezas para tirar vantagens.

Ao fim e ao cabo, tanto a suposta personalidade forte como a suposta personalidade fraca são disfarces bastante distintos para vilões com pretensões muito semelhantes, que podem ser resumidas no controle das situações, das pessoas e dos ambientes. Trata-se de indivíduos egocêntricos. São carentes de uma atenção especial, que exigem de formas diferentes – um, pelo grito; outro, pelo silêncio.

São como as crianças. A maioria dos bebês chama a atenção sobre si com o choro, o que é muito natural e fundamental para a sobrevivência. Conforme vão crescendo, vão mudando o padrão de atitude para obterem o que querem. Contudo, algumas crianças retomam a prática do choro – que facilmente se transmuta em birra e "ranhentice" – para dominar seus pais; outras, por sua vez, fazem o tipo difícil, fecham-se em si mesmas, silenciam, não comem, não brincam. Apesar dos comportamentos muito diferentes, ambos os tipos de criança querem a mesma coisa: todas as atenções da casa. E exigem isso por meio da famosa "manha".

Um sinônimo usado para descrever o tipo com personalidade forte é "genioso". É alguém irascível, azedo ou irritadiço. *Genioso* vem de gênio, que no folclore árabe designa personagens maus, que podem assumir formas e tamanhos variados, aparecendo em versões masculinas e femininas.

Na obra *As mil e uma noites* não existe a lenda de *Aladim e a lâmpada mágica*. O conto aparece pela primeira vez em uma versão francesa do livro de Antonie Galland, no início do século XVIII. Nos contos de *As mil e uma noites* publicados fora do mundo árabe, somente o gênio de Aladim e o do primeiro conto, *O pescador e o gênio*, estão aprisionados e concedem desejos. Seria uma versão ocidental criando os gênios do bem.

O objetivo deste texto não é desqualificar pessoas com essas características, mas poder colocar um pouco de luz no universo de nosso funcionamento psíquico e, dessa forma, termos mais intimidade com ele. Pois, olhe em volta, ou para você mesmo, e repare se não há por aí um adulto com esses trejeitos – seja ele gritão ou quietinho, de personalidade "forte" ou "fraca". Não se esqueçam de que não é saudável incorporarmos nenhuma das duas personalidades descritas no texto.

A psicoterapia pode ser a solução

Imaginem dois pilares dando sustentação e harmonia para as nossas vidas, nossas relações e nosso bem-estar. Um dos pilares está ligado ao nosso conhecimento, à cultura, ao aprendizado, à inteligência – ou seja, aos aspectos intelectuais e cognitivos. O outro pilar tem relação com nossa vida emocional, sentimental ou psíquica – com nosso inconsciente.

Temos mais acesso e podemos desenvolver e cuidar melhor do primeiro pilar, o ligado ao conhecimento. Por quê? Porque, se tivermos interesse e tempo, podemos estudar, trabalhar, dedicar-nos com afinco e alcançar um bom desempenho intelectual, aprender uma nova língua, fazer um MBA, passar num concurso etc. Entretanto, o pilar ligado ao emocional é mais complicado e de difícil controle e acesso; no entanto, exerce uma supremacia e tem enorme influência no nosso cotidiano. Tem uma grande ascendência e determina o sucesso e desempenho do pilar intelectual. Contudo, o inverso não é verdadeiro, o intelectual não influencia tanto o emocional.

Por que fiz essa analogia com os pilares? Para que saibam que o psiquismo – ou emocional – é o fiel da balança; ou seja, nossa capacidade de ter uma vida mais satisfatória, exitosa e prazerosa passa pelo filtro e pelo crivo do emocional. Só ser inteligente, estudioso e ter dinheiro pode não ajudar muito se não tivermos a parceria do bendito – ou maldito – emocional.

Há alguns anos, li na revista *Você S/A*, de circulação nacional, uma enquete com executivos de grandes empresas. Perguntaram-lhes qual seria um investimento importante, não convencional, alternativo, para que se diferenciassem na função que exercem. Pasmem: 60% disseram que fazer psicoterapia ou análise seria uma boa alternativa. (Para simplificar, aqui vou usar psicoterapia e psicanálise como sinônimos.)

Mas o que é uma psicoterapia?

Já ouvi essa pergunta muitas vezes e percebo que há uma ideia muito vaga a respeito desse método de tratamento. Em poucas palavras, a psicoterapia é um processo de transferência, por meio da palavra, de percepções entre um terapeuta (psiquiatra ou psicólogo) e um paciente. Este põe suas, digamos, pendências emocionais na mesa para aquele, que procurará destrinchar o que está no fundo disso, no subterrâneo da mente, tentando desarmar as armadilhas inconscientes. O paciente pode estar ansioso ou deprimido, sem saber bem a origem desses sintomas. O psicoterapeuta, ouvindo sua história, buscará esclarecer a fonte inconsciente desses sofrimentos, e a pessoa, em contato com essas percepções, poderá melhorar.

E o que é o inconsciente?

Trata-se de um reservatório de impulsos reprimidos, como se fossem emoções que existem dentro de nós e tentam vir à tona. Por exemplo, uma criança cujo pai costumava levantar a voz (ameaçando-a e deixando-a nervosa) pode crescer com essas emoções escondidas na sua mente. Na vida adulta, ao simplesmente ouvir o chefe falando num tom de voz mais intenso, ela já ficará ansiosa, ao ponto de chorar, mesmo sabendo que não está sendo xingada ou ameaçada. Essa reação pode advir do inconsciente, onde ficaram emoções recalcadas. Nossos sonhos e atos falhos também são exemplos claros da presença do inconsciente.

Podemos fazer uma correlação entre o inconsciente e o conhecimento de uma língua. Imaginem uma pessoa num país estranho, onde não entende a língua local. Isso geraria muita ansiedade e nervosismo, talvez deixando o sujeito paralisado. Mas se chegasse um tradutor e dissesse o que significam aquelas palavras, haveria grande alívio.

A psicoterapia serve, portanto, para destravar o paciente, para tirá-lo de uma zona de sofrimento na qual ele se afunda cada vez mais. A tarefa do terapeuta, portanto, é ouvir os relatos e apresentar explicações e alternativas para os sofrimentos apresentados. Não confundam com dar conselhos. Amigos são bons o suficiente para nos aconselhar.

Dou como exemplo um caso com o qual me deparei: um homem que perdeu a mãe, vitimada por um ataque cardíaco, em um momento da vida em que eles brigavam muito. Passados alguns meses, o sujeito começou a apresentar sintomas que sugeriam estar com problemas no coração – desconforto no peito, dores e falta de ar. Recorreu então a diferentes médicos e serviços de urgência, que foram unânimes em dizer-lhe que não tinha nenhum problema cardíaco.

O caso desse homem era o de um luto mal resolvido. Seu corpo estava dando sinais do trauma de perder a mãe, de vê-la partir sem poder fazer a despedida que gostaria de ter feito. Havia um forte sentimento de culpa. Ouvi-lo por pouco tempo foi o suficiente para perceber que seu problema não era no coração físico, mas no coração metafórico – na alma, do imaginário. Porém, a percepção é só parte do processo. O desafio seguinte é comunicar ao paciente aquilo que foi possível compreender de seus problemas. Conseguindo fazê-lo entender tal percepção, em geral, tem-se a resolução de uma pendência emocional, o desarmamento de uma armadilha da mente.

Outro exemplo: um executivo que sempre viajava de avião a lazer e a trabalho começou a desenvolver ansiedade, quase pânico, para uma viagem de férias com a mulher. Seriam férias mais longas, a primeira em que iria para o exterior com a esposa. O diferente, nesse caso, é que, embora já viajasse sem problemas, começava a ter medo. Nos bate-papos comigo, percebemos que havia um conflito nas entranhas de seu psiquismo que poderia explicar o surgimento desses temores recentes de viajar de avião.

Sempre fora muito apegado à sua mãe viúva; porém, depois que se casou, ficou mais distante dela. A mãe começou a pressioná-lo, a cobrar e mostrar alguns ressentimentos. Dizia que abrira mão das coisas dela para dar tudo para ele, estudo, roupas etc., e que então ele iria se divertir com a esposa e não pensava em levá-la junto. Efetivamente não desejava levá-la, mas não tinha coragem de falar claramente sobre esse tema. A mãe, por sua vez, fazia-se de vítima, de pobre coitada e abandonada, para que o filho não a deixasse. E o pior, para ela, era que o filho viajaria com a esposa e não a levaria. Dupla traição!

Esse homem simplesmente não conseguia dizer para a mãe o que deveria dizer. Então, já que não conseguia verbalizar uma resposta à mãe, acabou se punindo e boicotando sua viagem. A presença dos medos de viajar ajudaria a resolver a situação. Com isso, acreditava livrar-se do problema – já que não deixaria a mãe sozinha e não teria de enfrentar seu drama. E é justamente aqui que um psicoterapeuta cai como uma luva, com seu mister de identificar o problema e apontar um caminho para dele livrar-se de vez.

Isso tudo é muito importante porque nossas questões emocionais determinam todo o conjunto de nossa vida. O que sentimos, como interpretamos o que escutamos, como vemos o mundo, como vemos a nós mesmos e como nos relacionamos com os demais determinam boa parte da qualidade da vida que teremos. E o resto dessa qualidade – advinda do trabalho, das amizades, dos vínculos amorosos e familiares, por exemplo – depende de fatores determinados diretamente por nossas condições emocionais. É por isto que a psicoterapia pode ser tão importante: porque ela é capaz de ajudá-lo a perceber conflitos subliminares e solucionar problemas que podem destravar sua vida.

A busca de ajuda na minha área de atuação passa por um grande preconceito que as pessoas têm com o sofrimento de origem mental. Olhamos para o sujeito que vai a um psiquiatra como se fosse um débil, frágil ou até maluco. O preconceito tem relação direta com a nossa ignorância. Quando não sabemos explicar ou não entendemos bem algum sentimento que temos, tendemos a olhá-lo como algo que desqualificamos.

Abordagens psicoterápicas não somente são indicadas para o indivíduo, mas também são úteis para famílias, casais, grupos de pacientes e organizações empresariais. Intervenções ditas psicoterápicas têm trazido resultados promissores às organizações, trabalhando com gestores e equipes. Essas atividades são pontuais e podem se repetidas eventualmente. É uma maneira de instrumentalizar os profissionais para lidar com mais competência com seus colaboradores, na medida em que conseguem perceber e entender comportamentos e mensagens inconscientes.

Quem se oferece terá mais êxito

*"Vem, vamos embora / esperar não é saber /
quem sabe faz a hora / não
espera acontecer..."*

Tão simples quanto belos e geniais, os versos de uma música de Geraldo Vandré, escritos na época do regime militar, resumem perfeitamente o que quero dizer com este texto. **Ofereça-se**. Não se esconda. Mostre-se, apresente-se. Quem sabe faz a hora, não espera acontecer. O que diz o verso: você deve fazer acontecer, e não esperar que a vida, alguém, uma entidade, a mãe, o chefe, o namorado, faça acontecer.

*Em geral, as grandes realizações, os fatos mais marcantes, aqueles
momentos de que jamais nos esquecemos, são frutos da iniciativa pessoal.
É muito raro algo grandioso e importante simplesmente cair no nosso colo.
É preciso, pois, ir atrás. E se isso significar oferecer-se, que seja.*

Se você tiver uma atitude passiva perante a vida, dificilmente alguém adivinhará suas habilidades e lhe dará um emprego, o convidará para fazer um negócio, descobrirá o que você pensa ou verá em você um ótimo amante e companheiro, vindo a oferecer-se em namoro.

Muitas coisas que conquistei na vida foram resultado de minha capacidade de oferecimento. Há muitos anos, fui até a Santa Casa de Porto Alegre e me ofereci ao diretor-médico para desenvolver um serviço ambulatorial, focado nos transtornos de humor. Criamos, por volta de 1990, o Serviço de Doenças Afetivas da Santa Casa (SEDA). Na época, não se dava importância para esse tipo de enfermidade. Foi uma iniciativa pioneira, dando ênfase ao diagnóstico e tratamento da depressão.

É claro que nem sempre dá certo. Mas só saberemos se tentarmos. Inclusive, se não der certo, também aí temos uma oportunidade positiva, uma chance de criarmos "casca", de ficarmos mais resistentes às agruras da vida – além de sabermos quais caminhos não devemos tomar quando queremos determinada coisa. São poucas as coisas na vida que não trazem em si pelo menos algum aspecto favorável, ainda que o todo pareça amplamente negativo.

Trata-se então de termos uma postura ativa, propositiva. Mas não agressiva. Se você está interessado em alguém, não espere que esse alguém tome a iniciativa. Se você quer um emprego, talvez seja pouco só enviar seu currículo, mas também não chegue metendo banca, dizendo que você fará uma revolução na empresa ou qualquer bobagem desse tipo. Não ofereça o que não tem para entregar. Ofereça-se, apresente seus predicados, deixe claro o que você quer e o que você pode oferecer.

Seja claro, seja direto. Para tudo. Inclusive para deixar claro aquilo de que você não é capaz. Como nesse caso do emprego. Não adianta prometer mundos e fundos e depois, no dia a dia, não cumprir. Sublinhe suas qualidades e possibilidades, mas também deixe claro aquilo com que você não se sente confortável ou que simplesmente não é capacitado para fazer.

É importante destacar outras formas de oferecimento, nas quais predomina um caráter mais humanista ou de propriamente se cuidar. Ajudar nas tarefas da casa, cuidar de seu quarto, de suas roupas, do espaço que divide com os outros, lavar a louça sem ser solicitado, carregar algo mais pesado para uma pessoa mais debilitada, dar atenção para alguém que busca informação, responder *e-mails* etc. Perceba que o oferecimento é fundamental para pavimentarmos um caminho mais participativo e de maior acolhimento.

A pergunta que devemos fazer é esta: **por que é tão difícil irmos atrás do que queremos, do que desejamos?** Mais: por que não nos oferecermos para ajudar alguém? Por que não chegamos perto de alguém por quem nos interessamos e começamos uma conversa? Não faltarão explicações para nossos entraves. Teremos muitas desculpas, reais ou imaginárias. "*Sou tímido...*" é a mais frequente. "*Não sou oferecido nem exibido*" também é recorrente.

Imagine-se indo a uma festa para conhecer alguém. Lá chegando, olha para os lados e vê aquele cenário. Procura identificar se alguém está paquerando você. O que fazer com a paquera? Vai conversar? Esperar que venha até você? Mesmo sem paquera, se tiver interesse por alguém, "pague pra ver", tente uma aproximação. Enfrente, apresente-se, diga que está nervoso, temeroso, mas vá. Diria você: *"Mas se me derem um chega pra lá, um carão?"*. Não importa, faça a sua parte, isso já é o bastante.

Entendo o temor de receber um **NÃO**. Porém, pior do que receber um "não" é nada receber, por não ter tomado nenhuma atitude. Por favor, não encha a cara de trago para ter coragem. Também vale para outras drogas. Se tomar esse caminho de buscar coragem com a droga, sempre vai usar esse artifício, e o resultado será desastroso. Nesses casos, a iniciativa não foi sua, foi do álcool (ou da outra droga).

Talvez o que faça mais sentido para a pouca capacidade de se oferecer passe pelo nosso mundo interior, pelo nosso psiquismo. Todos desejam ser queridos, amados, considerados, aplaudidos e reconhecidos. Ok! Nós avaliamos o mundo externo, o que nos cerca, as pessoas, o que escutamos, a partir da nossa observação, da percepção e dos sentimentos. Se temos uma tendência a nos desqualificarmos, nos diminuirmos, nos acharmos menos que os outros, fica difícil fazer contatos, aproximar-se das pessoas. Faz sentido para você?

O que é a autoestima? É o jeito como nós nos avaliamos. Quanto achamos que valemos ao olhar dos outros e ao nosso próprio olhar. Podemos ter alta autoestima ou baixa autoestima. A baixa é o grande problema e muito mais frequente. Não importa se os outros nos acham legais, competentes, queridos, pois a avaliação de nós mesmo é o que pesa. Por que razão nos desprestigiamos, colocamo-nos tão para baixo? Talvez a origem mais importante desse sentimento de desvalia tenha a ver com nossas relações infantis, com como fomos tratados por nossos pais ou cuidadores. É comum pais desqualificarem as crianças e mesmo maltratarem-nas fisicamente, casais brigarem, crianças passarem por toda sorte de privações e abusos.

Outra razão para não se oferecer tem conexão com o sentimento de grandiosidade ou onipotência. Pessoas com essas características de personalidade se acham muito especiais e importantes, não tolerando não serem acolhidas nas suas iniciativas e nos desejos. Ninguém é especial, mesmo os mais lindos, ricos e poderosos. Somos todos iguais internamente, com nossos temores e nossas fragilidades. Então ofereça-se. Mas lembre-se: não se chateie se o receptor de sua oferta lhe disser "não". Esteja aberto para tudo – para o sucesso e para o insucesso. Assim é a vida. Mas nunca, nunca se esconda. Esperar – definitivamente – não é saber.

Esperança é uma postura ou desejo de que algo irá acontecer, mas sem a nossa participação direta. É frequente pessoas colocarem em Deus suas expectativas: "Tenho esperança divina; entrego-me nas mãos de Deus". Não critico a fé e a religiosidade de ninguém, mas, antes de pedir a Deus, busque em você a força, a energia e a determinação para superar as dificuldades que a vida impõe. Não se esqueçam desta passagem bíblica: "Disse Jesus: ajuda-te, que te ajudarei". Oferecer-se é o equivalente a pedir ajuda diante de nossas dificuldades.

Finalizando: percebam que escrever este livro é um ato de oferecimento meu. Poderá o livro ser bem aceito ou não, ter êxito ou não. O resultado de nosso oferecimento não é o primordial ou fundamental, mas o que importa é o nosso movimento de buscar algo que nos interessa ou em que acreditamos.

O lado transgressor de cada um de nós

O ser humano é uma espécie naturalmente agressiva e que tenta não cumprir as normas inerentes ao grupo a que pertence. Para isso, buscará consentimentos e autorizações, tanto no mundo interno (ou psíquico) como no âmbito externo. A dita consciência de cada um é muito permeável, flexível, venal e corrompível. Definitivamente, não é este um ser "bonzinho", cheio de amor e paz para ofertar.

A agressividade é uma característica inerente a todos nós. Sem exceção. Somos potencialmente transgressores, agressivos, violentos e perigosos. Pode ser um tanto assustador ler isso, deparar-se com o fato de que cada um tem um pequeno monstro dentro de si. Não se assuste, pois a cultura, a educação, a moral e as leis nos ajudam a elaborar esse lado pernicioso dos humanos. Mas mais ariscado ainda seria não saber reconhecer e lidar com esses impulsos agressivos. (É claro que também precisaremos de alguma dose de agressividade diante de situações da vida, de modo que não dá para viver sem essa fonte impulsiva.)

Outro dia, numa entrevista para uma rádio local, o apresentador estava impressionado com a atitude de um médico: numa discussão de trânsito, desceu do carro com um taco de beisebol e bateu na lataria do outro carro.

Perguntou-me o jornalista a respeito de que tipo de transtorno deveria ter esse colega. Respondi que assim é o ser humano, passível dessas reações, e que, talvez, o sujeito não tivesse nenhum transtorno mental. (Ato contínuo, pensei que talvez o desarmamento fizesse sentido num momento desses. Poderia ser um revólver, em vez de um taco de beisebol, na mão do agressor. Essa diferença entre o tipo de instrumento agressor poderia acarretar a morte do outro.)

Para alguns, perceber-se agressivo pode gerar muito desconforto e chateação, como se esses impulsos fossem demoníacos. Podemos desenvolver mecanismos psíquicos interiores de negação e repressão a esses sentimentos e nos tornarmos pacatos, cordatos em excesso, passivos, inertes e conformistas. Com medo de explodir, passamos a agir de uma forma que nos poderá levar à implosão, a estourar de dentro para fora. E, também, nessa questão da agressividade, tentar sempre reprimir pode acarretar outras reações adversas.

Vamos enriquecer o texto com alguns exemplos. A pessoa está muito irritada, faz uma força para conter-se e não deixar transparecer a brabeza; porém, no fim das contas, desenvolve uma crise de hipertensão arterial. É frequente alguns desmaiarem, como forma inconsciente de conterem sua brabeza, pois o medo de perder o controle e fazer algum estrago é muito grande.

Outra situação frequente é o sujeito que começa a chorar diante de uma situação de muita irritação. Funciona como uma tentativa de proteção, em que o emocional entra em ação por meio do choro, para tirar de cena o impulso agressivo. Quantos de nós, em momentos de muita brabeza, ao falar, começamos a gaguejar? Não deixa de ser uma forma de barrar a saída de palavras ou palavrões, talvez muito contundentes e de cunho agressivo. E temos muitos outros exemplos.

O uso de álcool ou outras drogas é fator de risco que pode romper o controle interno do sujeito sobre os sentimentos agressivos. Diante de situações de pequena relevância, como uma discussão banal entre vizinhos ou sobre times de futebol, pode gerar graves consequências, como assassinar alguém. O álcool é um potencializador de agressões e transgressões, diminuindo a repressão interna desses impulsos. Observem os estragos que geram os motoristas embriagados!

Evidentemente, não estou aqui sugerindo medidas e caminhos ou manuais para parecermos bonzinhos e bem-comportados. Particularmente, sempre estou de olho nos meus sentimentos e nas minhas reações. Não gosto de quem me torno quando tomo atitudes intempestivas, com minha brabeza emergindo de uma forma exagerada.

Observem outra forma de agir muito presente nas pessoas: a **transgressão**. A palavra é forte, remete a atos grandiosamente malévolos. Assaltar um banco, bater em alguém, corromper-se... Tudo isso é transgressão. Mas não só isso. Há um sem-fim de pequenos atos que se encaixam nessa categoria. Furar uma fila, passar um sinal vermelho, não respeitar a faixa de segurança, falar ao celular enquanto dirige, pequenas mentiras, não devolver um livro emprestado... São exemplos mais corriqueiros de transgressões. Não pretendo ser moralista, mas só quero destacar que essas atitudes também ocorrem cotidianamente em pessoas ditas do bem.

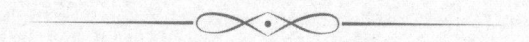

Vamos fazer um exercício. Todos nós podemos transgredir em alguns momentos, mas o que mesmo nos diferencia de um grande transgressor, ou de um marginal?

Nas pequenas transgressões do dia a dia, chegamos à beira do precipício e retornamos. O marginal, o fora da lei, o bandido, passa aquela margem de segurança e se joga no precipício, não retornando para o espaço de normalidade. Ele tenta se jogar no desfiladeiro de paraquedas, querendo cair em pé e sem traumatismos. Mas não consegue.

Isso explica a conduta corrupta de muitos políticos. Além de ganharem dinheiro com a corrupção, não param esse processo porque ele traz certo "barato", uma "fissura", certo bem-estar em tentar deixar os outros no papel de idiotas. (Atualmente, no Brasil, alguns políticos têm se jogado no precipício e o paraquedas não tem aberto, graças à intervenção dessa força-tarefa chamada Lava Jato.)

Veja nosso esporte mais representativo, o futebol. É recheado de transgressões, perpetradas por todos, de dirigentes a jogadores. O dirigente vende um atleta e ganha uma "beira" por fora. O jogador simula agressão que não ocorreu e não é penalizado por isso. O outro usa a mão para puxar, para fazer um gol. E nós, torcedores, não ficamos indignados com tudo isso quando favorece o nosso time. Logo, somos cúmplices e pactuamos com os transgressores.

Assim somos nós! Fica difícil esperar que outros transgressores mudem sua postura com alguma força sobrenatural. Se alguma mudança em relação a essas atitudes virá, dependerá de uma postura distinta da maioria da população.

Talvez os maiores fatores de mudança virão por meio da educação, da diminuição da pobreza, de mais emprego e de uma legislação que possa ser cumprida celeremente.

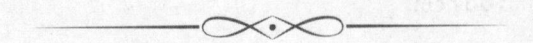

É claro que muitos não incorrem nisso, porém, podemos viver uma vida toda sem ter problemas com a lei. Mas os impulsos transgressores estão sempre lá, tentando-nos a todo momento.

Por que nos queixamos tanto?

Quando eu tinha 13 de idade, perdi meu pai. Era um industriário bem-sucedido. Tinha planos de trabalhar com ele. Desse momento em diante, fiquei bastante abalado, com sequelas, como se precisasse andar com o amparo de uma muleta. A vida ficou pesada, parecia que nada mais tinha sentido. Eu reclamava, queixava-me, tendia a estar de mal com o mundo. Sempre com a justificativa de haver perdido meu pai.

Em qualquer idade, é muito triste perder alguém que amamos tanto – quanto mais para um adolescente. Contudo, nem isso nem nenhum outro revés seria razão suficiente para danificar a vida de forma permanente. Felizmente, dei-me conta disso e segui adiante, conseguindo não ficar aprisionado no luto que se ia fazendo permanente.

Nunca passou pela cabeça da minha mãe que eu precisava de ajuda; tampouco eu identificava que não estava bem. Esse é o padrão comum na vida das pessoas que estão com algum sofrimento mental: não perceber que precisam de ajuda.

Pelos motivos mais diversos – todos realmente bastante razoáveis –, estamos frequentemente nos queixando. Seja por um trauma grande, seja por questiúnculas cotidianas, vivemos a reclamar. Em casa, no trânsito, no trabalho e até no lazer. Inclusive, queixamo-nos constantemente até mesmo em questões que fogem do nosso controle: por causa do político corrupto, do inábil técnico do nosso time de futebol, da atitude de um artista que admiramos, dos amigos que não telefonam, do vizinho que tem um jeito diferente de levar a vida etc. Em suma, queixar-se é comum ao ser humano; digamos, faz parte da vida.

A vida é complicada e conflituosa. Todavia, perante essa constatação, temos tão somente duas alternativas: ou transformamos a vida num eterno muro das lamentações, ou aprendemos a lidar com as situações – compreendendo-as para absorvê-las e tirar o melhor possível delas, não nos conformando na medida suficiente para resolvê-las; e nos conformando na medida suficiente para não nos entregarmos à choradeira inócua. Precisamos lidar com a vida como ela se apresenta. Ela não é justa nem injusta – ela apenas é.

O grande risco do queixume é de ficarmos de costas para a vida. Seria como dirigir um carro de ré, olhando pelo retrovisor, olhando para trás, para o que já passou. Freud criou a palavra **neurose**, que descreve a atitude de a pessoa ficar apegada ao passado e colocar nele toda a sua infelicidade. Quem vive a lamentar-se acaba se comportando como um coitado, uma verdadeira vítima da existência. Desse modo, a pessoa passa a não mais responsabilizar-se pelo que lhe acontece nem se sente responsável pelo que acontece aos outros em função de sua inércia. Afinal de contas, viver lhe é muito duro. Pensa, portanto, que "simplesmente não há o que fazer".

Repito: em geral, essas lamentações têm um teor de verdade, não são meras invenções. Imagine uma pessoa pobre, que tem de trabalhar muito, de forma que lhe acaba sobrando pouquíssimo tempo para passar com os filhos, para ajudá-los nos estudos, para educá-los. Imagine a frustração dessa pessoa. Entretanto, mesmo esse desafortunado não pode entregar-se à lamentação sem fim, sob pena de piorar ainda mais sua vida, de perder tudo que lhe resta de bom.

Quantos pais têm condições e tempo de passar com os filhos e negligenciam isso? Pois esse pai que trabalha de sol a sol deve se prender à determinação de aproveitar ao máximo cada minuto que lhe sobrar. Certamente, sua vida será muito mais satisfatória do que a de muita gente.

Falando em classe social, eis algo que observo com constância: pessoas com elevado nível econômico-financeiro lamentando-se muito. O dinheiro não é uma vacina contra a lamúria, a chateação e o aborrecimento. Pessoas mais abastadas às vezes têm uma vida muito infeliz, pois imaginam que, com dinheiro, carros, viagens e tudo o mais serão amadas e admiradas. O dinheiro não substitui afeto, carinho, amor e atenção.

Enfim, nunca faltam motivos para nos queixarmos. E, como disse, os motivos podem até ser reais, mas tratamos de turbiná-los na nossa mente. O perigo é que podemos incorporar esse padrão de funcionamento e vamos ficando enfadonhos, irritados, abatidos e desanimados com a vida. A queixa costuma ter uma função inconsciente, que passa despercebida pelo queixoso. Seria uma maneira de não sermos cobrados ou exigidos pelos que nos cercam. É como se a pessoa desejasse que os outros não esperem muito dela, do ponto de vista de dar carinho, atenção, afagos e cuidados ou mesmo estar disposta a transar, pois se trata de alguém *tão carente*, para quem a vida tem sido madrasta – "Tadinho de mim, não me peçam nada....".

Outros aspectos interessantes na vida do queixoso. O grupo que o cerca tenderá a afastar-se da convivência, pois estar perto se torna um convívio pesado e desagradável. Outra possibilidade é provocar nos seus pares um sentimento de irritação, acarretando relações de maus-tratos verbais.

Queixar-se é um exercício inconsciente de tentar tirar de dentro de si as angústias, chateações e dificuldades que a vida impõe. O queixoso crônico tem a possibilidade de ser um deprimido, pois o ato de queixar-se gera uma energia negativa no sujeito. Ele adquire um estilo de relacionamento repetitivo e cumulativo. Mesmo que comece a falar de alguma coisa que ache boa, rapidamente vem à mente o cacoete de queixar-se. É como o sujeito que se queixa mesmo em situações positivas: "Tu sabes? Ganhei na loteria! Mas o pior é que vou ter que pagar mais impostos"; "Comprei este carro novo, mas estou com medo de sair devido ao *olho grande dos vizinhos*"; "Ganhei este carro, mas terei mais despesas agora"; "Minha sogra me deu esta TV, mas agora ela vai querer algo em troca".

Se desconfiar que pode ser queixoso, pergunte para uma pessoa próxima com quem é possível ter franqueza se sua conversa é chata, repetitiva e carregada de azedumes. Em caso afirmativo, peça a ela para sinalizar no cotidiano se seu papo está indo para esse caminho. O mais saudável, contudo, é que possamos desenvolver a capacidade de nos percebermos, sem que os outros precisem demonstrar que nossa companhia é chata e enfadonha.

Um sentido de nos queixarmos tanto é a possibilidade de não enfrentarmos situações em que a vida solicita nossa intervenção. Pode ser um álibi inconsciente de não nos debruçarmos sobre a solução de dificuldades. Também, por meio da queixa, podemos ficar na expectativa de que alguém virá cuidar de nossas vidas. Algo como: "Se a vida não me foi generosa, sou credor dela". É frequente nos queixarmos dos pais, em decorrência de situações em que eles possam ter falhado, ou mesmo nos tratado mal.

Evidentemente, caberá a nós mesmos resolver internamente essas pendências, pois o passado passou – e ficar apegado a ele é doentio.

Quando o sexo se torna um vício

Adição, dependência, vício. Suas manifestações mais comuns são relacionadas a jogos, medicamentos e drogas. Apostas, cartas, dados. Tranquilizantes, remédios para emagrecer, psicoestimulantes, álcool, cocaína, *crack*. Porém, percebo que há um outro vício, uma adição consideravelmente frequente, mais silenciosa, discreta e pouco falada: a sexual.

Tenho percebido o quanto as pessoas traem, umas às outras, casadas ou solteiras. Os homens costumam usar uma máxima de pouca consistência para justificar suas traições: "Tenho muito tesão...". Pipoqueiam na mídia pesquisas – sem nenhuma base científica – querendo saber com que frequência transam americanos, brasileiros, argentinos; ou gaúchos, cariocas, paulistas, baianos. Essas pesquisas dão a entender que as pessoas normais teriam que transar tantas vezes na semana. Para muitos homens, parece que o sexo funciona como uma competição, no sentido de observar quem transa mais. Tem um ditado *masculino*: "Transa não dada é transa perdida, não se recupera".

A característica principal da adição é o descontrole do adicto em relação ao objeto de seu vício. Não é mais ele quem escolhe o que faz, pois vira refém dessa dependência. Em geral, esse não é um estado a que se chega de forma repentina e abrupta. O caminho é gradual. Por isso que a questão sexual, para alguns, pode se tornar complicada, na medida em que se torna o carro-chefe de seus prazeres. Por trás desse ritmo frenético de transar sem parar, pode se esconder a dependência ou adição ao sexo.

O álcool costuma ser o principal paliativo e uma forma de fuga a que recorremos diante das aflições da vida. Mas há quem recorra ao sexo. E isso é mais frequente nos homens do que nas mulheres. Eles buscam na transa uma válvula de escape para ansiedades e vazios psicológicos inconscientes. Inicialmente, podem não estar viciados no sexo, mas, com o passar do tempo, percebem que o sexo alivia temporariamente aquele mal-estar subjetivo. O leitor poderia se questionar: "Melhor viciado em sexo do que em drogas, certo?". Ótima questão! Resposta: o melhor é não nos viciarmos em **nada**!

Se você desconfia de que está passando por isso, há um jeito quase infalível de ter certeza. Se após a transa que você buscou com a intenção de aliviar tensões você se sentir um tanto melancólico, deprimido, com algo como um vazio aí dentro, provavelmente você se enquadra no caso de que falo aqui. É muito possível que você esteja desenvolvendo esse vício.

E o mecanismo é o mesmo das drogas: após a euforia, vem o vazio. Que fazer então? A resposta do viciado é buscar novas doses daquilo de que está dependente. Vai então atrás de uma nova parceira, estabelece mais uma relação superficial, obtém aquela breve descarga para suas aflições e logo se vê obrigado a reiniciar o ciclo de seu vício.

Já ouvi de homens nessa condição confissões terríveis, de que, após o sexo, se pudessem, livrar-se-iam da parceira a qualquer custo. "Se eu pudesse, a colocaria num táxi..."; "Gostaria de poder apertar um botão para ejetá-la da minha cama". Crueldade, não? Porém, acima do desprezo real com a mulher, está a manifestação do vazio que o sujeito sente em função do sexo casual, da dose que ele consumiu em função de sua adição. Absolutamente degradante.

É importante dizer que esse tipo de vício não depende da vida sexual regular do viciado. Quero dizer, é comum eu topar com paciente que ama o parceiro, que está satisfeito com as relações sexuais que tem em casa, mas que, porém, não consegue deixar de *aventurar-se*, de procurar por transas na rua.

Percebam como o descontrole tomou conta da vida dessa pessoa. Os vícios são mecanismos poderosos para nos enredar na **arte de ser infeliz**. Imaginem que há pessoas que têm dentro de casa acesso àquilo no que são viciadas, mas que se arriscam com desconhecidos na busca por mais e mais. Absolutamente doentio!

O contrário dos vícios são as virtudes. Advindas do contexto religioso, as virtudes não são, ao contrário do que se pensa, a anulação dos prazeres dos vícios. São isso sim, o controle do sujeito sobre si mesmo, dosando e domando aquilo que o agrada.

Se o vício é a ira, que o faz descontrolar-se contra injustiças aparentes, não significa que o sujeito deva parar de reagir; ele deve, isso sim, recorrer à virtude da mansidão, para aprender a manter a calma e analisar as situações friamente, percebendo se são de fato injustas, antes de reagir com a força necessária. Se seu vício é sexual, a luxúria, portanto, isso significa que ele dá muito valor para o que é belo e prazeroso; pois que busque outras coisas belas e prazerosas na vida – a companhia e mesmo o sexo com a pessoa amada, a convivência com amigos, boas comidas, enfim, coisas que não lhe deixarão o vazio após um breve pico de euforia.

Chama atenção a necessidade desses viciados contumazes de necessitarem usar Viagra nesses encontros. Como a resposta do Viagra não é satisfatória, chegam a usar entre um e três comprimidos para obterem ereção. É um indicador claro de que vivem relações sem maiores atrativos, pois apresentam uma dissociação entre o desejo genuíno de transar e a compulsão de fazê-lo. Claro que também há riscos à saúde em decorrência do excesso de Viagra. Muitos homens já morreram em motéis.

Os malefícios
de cultivar a vingança

"Olho por olho, dente por dente."

Quem nunca ouviu essa frase? Ela é de 1780 a.C., está na Lei de Talião, do Código de Hamurabi, um conjunto de leis escritas na Mesopotâmia, as mais antigas da humanidade, que autorizava a vingança. Em outras palavras, "quem com ferro fere, com ferro será ferido".

Se há um sentimento forte e que promete ser satisfatoriamente recompensador, é o desejo de vingança. Porém, mais forte do que suas promessas são suas consequências nefastas.

Vou propor uma divisão prática para entendermos melhor o sentimento de vingança. Há dois tipos de vingança: a consciente e a inconsciente. Tanto um quanto o outro fazem muito mal para nossa saúde mental e mesmo para o bem-estar físico. Podem dar gastrite, elevar a pressão arterial, levar à perda de sono, gerar ansiedade permanente e muito mais. São sentimentos que tomam conta de nosso ser, controlam nossos ânimos e conduzem nossas ações. Em outras palavras, não importa se a intenção de se vingar é um impulso indomável ou um plano racional; de qualquer forma, é algo que nos intoxica. É um tipo de impulso que nos escraviza.

O desejo de vingança consciente é fácil de identificar, não carece de muitas explicações. É algo que surge e é percebido pela pessoa, que passa a agir no sentido de levar seu plano a cabo. Contudo, quando esse sentimento é inconsciente, ele fica ainda mais perigoso, embora seja igualmente malévolo.

É importante refletirmos e entendermos as repercussões no nosso emocional de situações do dia a dia em que nos sentimos desqualificados e maltratados.

Para alguns, sentir raiva é algo quase inadmissível, pois não sabem como acomodar dentro de si esse sentimento. Receiam perder o controle e deixar que essa raiva extravase para uma situação explosiva, de atacar ou bater no outro. Dessa forma, para tentar se controlar, o sujeito pode transformar o impulso em abatimento, desânimo e perda da capacidade de continuar desenvolvendo as tarefas ou aproveitar o seu cotidiano. Não é possível armazenar esse sentimento nocivo e até tóxico que é a raiva reprimida, pois ela acabará extravasando em algum momento. Esse é o caldo de cultura ideal para o surgimento da vingança inconsciente, que leva a um ataque irrefletido ao agressor, mas também a si mesmo, pois faz a pessoa perder muita energia.

Um bom exemplo para ilustrar como o revanchismo inconsciente ocorre está nas relações de trabalho. Pense em uma situação constrangedora, em que um chefe desdenha, achincalha ou age de forma grosseira com um funcionário. Este está – digamos – hierarquicamente impedido de reagir à altura. Dificilmente o subalterno gozará de liberdade suficiente para responder da forma devida ao superior que o tratou de modo grosseiro, vexatório. Então, trata de engolir o sapo imediatamente. Porém, o sapo não se deixa digerir, fica sempre trancado na garganta. Mesmo tentando esquecer-se dessa mágoa, esse trabalhador tende a guardar consigo algum rancor. E é aí que a vingança inconsciente surge.

Sem aperceber-se, o funcionário que fora constrangido começa então a sabotar seu próprio trabalho, perde o desejo e a energia para trabalhar, demora-se a cumprir metas, atrasa-se e entrega tarefas mal executadas. É claro que, no fim das contas, é o patrão quem será o prejudicado, pois acabará sofrendo alguma perda financeira em função da incompetência vingativa de seu empregado. Todavia, dificilmente este não pagará a conta de sua revanche inconsciente. Evidentemente, o funcionamento descrito acima consumirá energia do sujeito, trará desconfortos psíquicos e, em consequência, a presença de sintomas como angústia, irritabilidade, apatia etc. Outro possível dano pode ser a demissão.

Outro exemplo: uma mulher que está aborrecida com o marido, mas não consegue falar sobre suas chateações. É convocada para transar todas as noites. Cede, mas não se sente bem e acaba não tendo prazer. Se expressar seu descontentamento em relação ao sexo, receia que o marido possa buscar outra parceira mais fogosa. Segue o barco! Logo adiante, poderá sentir dor na relação sexual, o que a autorizará a retirar-se da vida sexual, como se não fosse ela quem decidiu não transar mais. É o boicote sub-reptício, dissimulado.

Também é frequente perceber na sexualidade masculina esse *troco por baixo dos panos* em relação à companheira. Em função de conflitos ou descontentamentos entre o casal, que não foram devidamente conversados e superados, no auge da transa poderá surgir uma inesperada ejaculação precoce. É a vingança inconsciente que entra em jogo. Ruim para os dois.

Que cabeça a nossa, hein?

Mais. Imagine um ambiente familiar repleto de aborrecimentos em função de atitudes e palavras de parentes. Tentando manter uma harmonia inviável, com boa educação, vamos nos submetendo, aguentando em silêncio o desrespeito. De súbito, porém, podemos nos sentir mal naquele ambiente e, por causa de algum mal-estar físico ou psíquico, ter uma crise de ansiedade, uma dor de estômago. Será uma autorização que construiremos para nos retirar. Mais uma ação furtiva do nosso imaginário.

Lembro-me de um amigo que me revelou o seguinte: sua esposa estava viajando, e ele a buscaria no aeroporto. Não estava bem na relação; relatava que a esposa era muito mandona, e ele tendia a submeter-se. Na hora da chegada, foi fazer outras tarefas e acabou se esquecendo da esposa. Perguntou-me se não precisava tomar algum remédio para a memória. Como eu sabia da história dos dois, achei graça e disse que o esquecimento talvez sinalizasse o desejo de que ela não tivesse voltado. Mais uma vingança inconsciente.

Outro sujeito estava irritado com a esposa, que entrara na menopausa e, então, perdera o desejo de transar. Hoje a medicina não recomenda reposição hormonal; logo, as mulheres tenderão a perder a libido e terão pouca lubrificação vaginal nesse período. Desvantagem feminina, já que o homem não passa por uma situação como essa. Mesmo sabendo dessa situação fisiológica, ele permanecia aborrecido e pretendia vingar-se, transando com outra mulher. Percebi que vivenciava essa experiência como se fosse uma atitude da esposa para sacaneá-lo.

Observe também a situação de um homem traído pela namorada e que ficou muito transtornado e abatido com o fato. Ficou obcecado para dar o troco, fazê-la sofrer, na base da Lei de Talião. Evidentemente, ele não é responsável pela traição, foi uma decisão da namorada. À medida que passa o tempo e ele fica confabulando planos para prejudicar a moça, sua vida fica estagnada, presa à ex-namorada, revelando quanto está paralisado e adoentado psiquicamente. Se unicamente se chateasse, se se deprimisse, a resolução desse luto seria mais rápida e saudável. A vingança tem relação com a ideia de manter-se ligado ao outro – e, ao impor-lhe dor, confirma o aprisionamento.

Mesmo que realizemos alguma atitude prejudicial ao outro, ficaremos pensando se o estrago lhe foi grande, e assim vamos ficando fixados nessa ruminação sem fim. Para a vingança manter-se viva, precisamos alimentá-la com raiva e desejo de retaliação. Esses dois componentes nos vão atacando internamente, como se bebêssemos cálices de ácido todos os dias. É um péssimo negócio que só se justifica pela nossa pouca saúde mental e pelo desejo de controlar o outro.

É oportuno que tenhamos em mente essas situações desagradáveis da vida, saber que, sim, as pessoas – cedo ou tarde – hão de desagradar-nos, aborrecer-nos, machucar-nos. E nós também faremos isso com os outros. Somos seres imperfeitos – ou melhor, atrapalhados, limitados, *comunzinhos*.

É possível afirmar que quem deseja vingar-se quer ficar vinculado ao outro; não quer resolver a mágoa. Há um ditado que diz: "Antes só do que mal acompanhado". Para o sujeito que deseja a vingança, inverte-se o ditado: "Antes mal acompanhado do que só", pois o outro continua presente em sua imaginação, no seu dia a dia.

Reforçando: o vingador vinga-se de si mesmo, pois fica paralisado e se descompromete com cuidar de sua vida. Sua energia fica fixada nesse processo doentio, que beira a psicose. O pensamento não sai dessa ruminação. É como se fosse um disco antigo de vinil, com a agulha trancada, fazendo a música ficar se repetindo. É de enlouquecer!

Podemos pensar em alguns antídotos para diminuir o risco de vingança. Isso significa aceitar que não somos tão importantes e maravilhosos diante da vida e dos outros; expressar por meio das palavras nossa chateação com algo de que não gostamos; revelar ao abusador a nossa discordância com sua atitude; não nos sentirmos injustiçados diante de reveses da vida; entre vingar-se ou retirar-se de uma relação, preferir a segunda; ter claro que podemos ser traídos, mesmo que não façamos nada para tal; saber que a vida não é justa nem injusta. **A vida apenas é**.

SOBRE O AUTOR

Nelio Tombini

Formado em Medicina pela Universidade Federal do Rio Grande do Sul em 1972, Nelio Tombini fez residência em cirurgia geral no Hospital de Clínicas de Porto Alegre, antes de trabalhar por três anos como cirurgião, clínico, obstetra e anestesista no interior gaúcho, em Guarani das Missões.

De volta à capital, especializou-se em Psiquiatria, iniciando a trajetória resumida nesta obra. Trabalhou como psiquiatra em postos de saúde, no Centro Comunitário São José do Murialdo, no Manicômio Judicial, no Hospital São Pedro e no Hospital Psiquiátrico Espírita.

Em 1990 criou o Serviço de Doenças Afetivas da Santa Casa de Porto Alegre, onde foi responsável pelo setor psiquiátrico por 22 anos, vindo a desenvolver um projeto de psicoterapia em grupo para pacientes do sistema público de saúde.

Nelio Tombini é fundador e diretor da Psicobreve – Clínica de Psicoterapia Breve. Atualmente, por meio de palestras, *workshops*, consultorias empresariais e da série de vídeos *on-line 5 minutos com o psiquiatra Nelio Tombini*, desenvolve um projeto psicoeducativo para o público em geral. Também segue atuando como psiquiatra e psicoterapeuta.

- /drneliotombini
- /Psicobreve
- /drneliotombini
- /dr_neliotombini